Dressur richtig vorbereitet
mit Katja von Rönne

Mit der richtigen Trainingsmethode zum Erfolg

Dressur richtig vorbereitet
mit Katja von Rönne

Mit der richtigen Trainingsmethode zum Erfolg

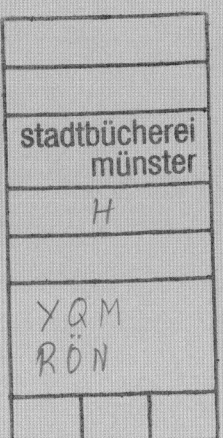

Impressum

Copyright © 2010 by Cadmos Verlag, Schwarzenbek
Gestaltung und Satz: Ravenstein + Partner, Verden
Titelfoto: JB Tierfoto, Marschacht
Fotos im Innenteil: sofern nicht anders angegeben JB Tierfoto, Marschacht
Lektorat: Carmen Echelmeyer
Druck: Westermann Druck, Zwickau

Deutsche Nationalbibliothek – CIP-Einheitsaufnahme
Die Deutsche Nationalbibliothek verzeichnet diese Publikation in der Deutschen Nationalbibliografie;
detaillierte bibliografische Daten sind im Internet über http://dnb.ddb.de abrufbar.

Alle Rechte vorbehalten.
Abdruck und Speicherung in elektronischen Medien nur nach
vorheriger schriftlicher Genehmigung durch den Verlag.

Printed in Germany

ISBN 978-3-86127-476-6

Inhalt

Einführung 7

Basisarbeit 11
   Das balancierte Pferd 14
      Reiten von Diagonalen 15
      Freie Linien 20
      Schenkelweichen 23
   Das gebogene Pferd 23
      Quadratzirkel und Zirkel 24
      Reiten von Schlangenlinien 29
      Durchreiten von Ecken 34
      Die Volte und ihre Variationen 37
      Zügel aus der Hand kauen lassen 44

Hinführung zur richtigen Versammlung 49
   Mit aktivem Hinterbein in die Versammlung 49
      Übergänge von unten nach oben: Antraben und Angaloppieren 49
      Übergänge von oben nach unten – Trainingsparade und Turnierparade 53
      Zulegen und Aufnehmen – Tempowechsel 61
      Der Außengalopp 65
      Der fliegende Galoppwechsel 69
      Das Rückwärtsrichten 75
      Schrittpirouette und Kurzkehrt 79
   Seitengänge 83
      Schultervor – Reiten in Stellung 83
      Schulterherein und Konterschulterherein 88
      Travers, Renvers und Traversale 96

Vollendung der Versammlung 111
   Der versammelte Galopp: Schulgalopp 112
   Die Galopppirouette 114
   Die Serienwechsel 116
   Der versammelte Trab: Schultrab 118
   Handarbeit und halbe Tritte 119
   Piaffe und Passage 121
      Piaffe 121
      Passage 125

Der Trainingsplan 129
   Erarbeiten von Lektionen in kleinen Schritten 130
   Missverständnisse und ihre Handhabung 130
   Einteilung der Unterrichtseinheiten 131
   Problempferde und Schwächen 132
   Der Wochenplan 133
      Montag: Lösende Arbeit 134
      Dienstag: Intensivtraining 134
      Mittwoch: Festigung der Lektionen 136
      Donnerstag: Spaßtraining 136
      Freitag: Intensivtraining 136
      Samstag: Spielerische Arbeit 137
      Sonntag: Genaue Lektionsfolgen 137

Schlusswort 139

Stichwortregister 142

Einführung

Die Lücke zwischen Theorie und Praxis im Reitsport kann nur durch Verständnis und Respekt zwischen Reiter und Pferd geschlossen werden. Dabei ist die gemeinsame Kommunikationsebene, die „Sprache" zwischen beiden, ausgesprochen wichtig. Die Hilfengebung als wichtiges Element dieser Sprache entwickelt und verfeinert sich über viele Jahre. Neben der technischen Erfassung der Lektionen geht es dabei auch um die Herausbildung des ganzheitlich denkenden Reiters, der mit Körper, aber auch mit Geist und Seele an der Ausbildung des Pferdes arbeitet. Es bedarf langjähriger Erfahrung in gegenseitigem Respekt und Vertrauen, bis der Mensch lernt, das Pferd innerhalb von Sekunden zu verstehen – und umgekehrt. Mein Anliegen ist es, mit diesem Buch Trainingskonzepte auf Basis der „richtigen" Dressurarbeit in systematischen Schritten darzustellen. Dazu bediene ich mich verschiedener Lektionen samt einer Vielzahl von Variationsmöglichkeiten, die den Aufbau individueller Übungsreihen ermöglichen. Die Lektionen sind in logischer Folge geordnet und bauen aufeinander auf. Jeder Reiter kann so ein passendes, kreatives Trainingsprogramm für sich und sein Pferd zusammenstellen.

Was aber ist unter „richtiger" Dressurarbeit zu verstehen? Gemeint ist ein stressfreies Training, das dem Pferd ermöglicht, auch unter dem Reiter seine natürlichen Bewegungsabläufe mit Geschmeidigkeit, Leichtigkeit und Freude durchzuführen, ohne daran zu verschleißen. Wir bedienen uns dabei der systematischen Gymnastizierung des Pferdes auf klassischer Grundlage, beginnend mit den Basisübungen bis hin zum „krönenden Abschluss", der Versammlung. Am Ende der Ausbildung sollen die gewünschten Übungen mit minimalen Signalen absolviert werden. Je weiter der Mensch in die Materie „Reiten" eintaucht, desto

Einführung

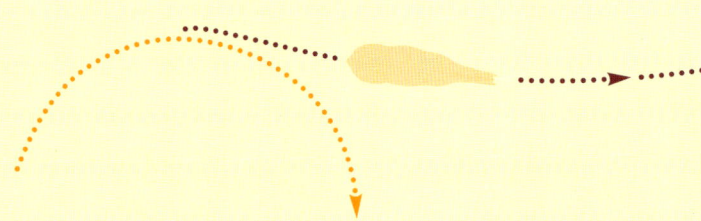

klarer werden ihm die komplexen Zusammenhänge. Ziel der Ausbildung von Pferd und Reiter ist es, das Bewusstsein für die korrekte Ausführung von Bewegungsabläufen zu wecken, diese zu erlernen und mit immer weniger Aufwand, das heißt feinerer Hilfengebung, umzusetzen. Dabei können sich die Hufschlagfiguren im Verlauf der Dressurarbeit zu „guten alten Freunden" entwickeln. Sie geben Sicherheit und man hat sich an sie gewöhnt.

Jeder Reiter, jeder Ausbilder, jeder Trainer kann dieses Wissen für sich selbst umsetzen und in die eigene tägliche Arbeit integrieren. Ich bin sowohl bei der Ausbildung der Pferde als auch in meiner Unterrichtspraxis mit immer wiederkehrenden Problemen konfrontiert. Zu ihrer Überwindung hat sich für mich im Lauf der Zeit ein System von sehr ähnlichen oder gleichen Übungsabläufen herausgebildet, das sich auf Aspekte der Basisausbildung konzentriert: Takt, Rhythmusgefühl, Losgelassenheit, schwingender Rücken, Anlehnung, Körperspannung sowie die korrekte Vorbereitung und Entwicklung der Versammlung. Der Erfolg meiner Schüler zeigt mir, dass und wie gut dieses System funktioniert.

Weiterhin hat sich herausgestellt, dass „Hausaufgaben" mit Übungsreihen nach einer Unterrichtseinheit hervorragende Ergebnisse zeigen. Werden sie verstanden, täglich wiederholt und eingeübt, bringt dies Reiter und Pferd nahezu unmerklich Schritt für Schritt voran und das Erlernte wird gefestigt.

Das vorliegende Buch gliedert sich in drei Teile einer sicher funktionierenden Ausbildungsstruktur, die methodisch aufeinander aufbauen. Die dargestellten Lektionen und Übungsabläufe orientieren sich in ihrer Abfolge an den Grundsätzen der Skala der Ausbildung. Immer wieder werden diese vom Leichteren zum Schweren, vom Bekannten zum Unbekannten strukturiert. Zudem hängen alle Übungen wie ein Spinnennetz miteinander zusammen und bedingen sich gegenseitig. Während sich der erste Teil mit der Basisarbeit beschäftigt, die aus der Gleichgewichtsfindung, der Taktregelung und der Verbesserung der Losgelassenheit besteht, handelt der zweite Teil vom Schließen des Pferdes und der Hinführung zur versammelnden Arbeit. Die im dritten Teil vorgestellten Lektionen fallen – bei sorgfältiger Vorarbeit – sozusagen wie eine „reife Frucht in den Schoß" und werden nur skizzenhaft dargestellt. Ihre Erarbeitung in der Form darzustellen wie die übrigen Lektionen würde den Rahmen dieses Buches sprengen. Dieser Ablauf ist der einfachste und gleichzeitig der gesündeste und kürzeste Trainingsweg hin zum Erfolg.

Kommen nun zu den täglichen Basislektionen und Übungsabläufen allmählich neue Lektionen hinzu, dienen die älteren immer als Grundlage und müssen regelmäßig wiederholt werden. Dies hilft dabei, frühzeitig Warnzeichen beim Pferd zu erkennen und rechtzeitig zuzuordnen. So entwickeln sich manchmal unmerklich Eigenarten, wie Sturheit, Schweifschlagen, unmotivierter Gesichtsausdruck, hohe Nervosität, starke Verspannung oder Zähneknirschen. Als Trainer unserer Pferde sind wir aufgerufen, diese rechtzeitig zu erkennen und Abhilfe zu schaffen, damit aus kleineren Auffälligkeiten kein großes „Desaster" wird. Die Entscheidung zu fällen, ob das Pferd das Verlangte nicht kann oder nicht will, braucht stetiges Bemühen, viel Zeit und Erfahrung. Bei allem entwickelt sich der eigene Reitstil immer weiter und wir befinden uns auf dem Weg vom Lektionenlernen hin zu einem auf Teamwork beruhenden Kunstwerk, das sich durch Leichtigkeit und Lebensfreude beider „Reitpartner" auszeichnet.

Für Sie als Leser dieses Buches bedeutet das: Haben oder bekommen Sie in einem bestimmten Ausbildungsabschnitt Probleme und sind sich nicht sicher, was verkehrt gelaufen ist, gehen Sie ein paar Seiten zurück und überprüfen Sie die dort jeweils genannten Ausbildungskriterien. Jedes Kapitel baut auf dem vorangegangenen auf und ergibt einen logischen Aufbau für die gesamte Ausbildungsarbeit und für die einzelne Trainingsstunde. Es ist wichtig, dass Sie die Dressurarbeit methodisch aufbauen und auf ein solides Fundament stellen – für ein langes, gesundes Reiter- und Pferdeleben!

Den Abschluss des Buches bildet ein exemplarischer Trainingsplan, an dem Sie sich bei der Erstellung eines eigenen Stunden-, Wochen- und Monatsplans orientieren können. Meine Empfehlung ist, sich ein Trainingsbuch anzulegen, in dem Sie täglich die

a) jeweilige Zielvorgabe,
b) das tatsächlich Erlernte sowie
c) die gemachten Erfahrungen und Resultate aufschreiben.

Jeder auch nur allerkleinste Schritt auf dem richtigen Ausbildungsweg bringt uns mit Sicherheit dem Endziel näher. Doch parallel dazu versäumen Sie es nicht, einen guten, „sehenden", bewusst arbeitenden Reitlehrer zur Anleitung, zur Überprüfung und als Feedback hinzuzunehmen. Je weiter Sie in die Ausbildung des Pferdes „eintauchen", desto spannender wird diese und offenbart Ihnen, dass das Reiten eine „Neverending Story" ist.

Katja von Ronne

Basisarbeit

Das Einfachste und doch Wichtigste zuerst: Die Ausbildung des Pferdes beginnt mit der Basisarbeit. Sie ist ausschlaggebend für die erfolgreiche Gymnastizierung und Ausbildung im gesamten Pferdeleben. Ist die Basisausbildung von Reiter und Pferd einmal solide absolviert, kann darauf leicht das „Haus", also die schwereren Lektionen, aufgebaut werden. Das richtig erarbeitete Fundament geht nie wieder verloren und steht für ein ganzes Pferdeleben – auch nach Pausen und Erkrankungen – zur Verfügung. Je sicherer das Pferd in den Grundsätzen der Hilfengebung und der positiven Ausbildung ist, desto unaufwendiger und schneller geht die weitere Schulung des Pferdes voran. Keine Stunde Basisarbeit ist überflüssig, ganz im Gegenteil schafft sie die beste psychische und physische Voraussetzung für das Pferd auf seinem weiteren Weg. Sie ist das Fundament, auf dem wir bauen.

Ich sehe immer wieder Pferde, die nach einer längeren Pause zu mir kommen und dem Reiter sehr große Probleme bereiten, da sie nicht mehr so „funktionieren" wie zuvor. Diese Schwierigkeiten sind meist nachvollziehbar, da oft die gesamten Pferdemuskeln neu trainiert werden müssen. So trainierte ich einen achtjährigen Fuchs, der nach einer monatelangen Lahmheit nicht mehr in Dehnungshaltung gehen wollte. Die einzige halbwegs locker gebliebene Gangart war der Galopp, der ihm sehr lag. Im Galopp konnte er seinen Takt finden und durch seine gute Bergaufbewegung punkten. Unter Berücksichtigung seiner natürlichen Balance in dieser Gangart und dem geregelten Takt fiel es ihm leicht, den Hals vorwärts-abwärts aus dem Widerrist fallen zu lassen. Darauf aufbauend entwickelte er innerhalb kürzester Zeit wieder einen arbeitenden Rücken, der zusehends mit der richtigen Muskulatur gestärkt wurde. Die daraus ent-

> Basisarbeit

Arbeit in Dehnungshaltung stärkt den Pferderücken und lockert zu Beginn der Reitstunde.

standene kräftige Verbindung zwischen dem Rücken und der Hinterhand machte ein Weiterarbeiten zur Versammlung ohne Zeitverlust möglich. Für einen solchen Aufbau nach langer Krankheit benötige ich normalerweise vier Wochen.

Bei jedem Pferd gilt, die Trainingsleiter Sprosse für Sprosse zu erklimmen. Wird nur eine übersprungen, gibt es garantiert auf einer der weiteren Ausbildungsstufen ein größeres Problem, das in der vorigen Arbeit begründet ist. Das heißt: Fehler, die aus der Basisarbeit in die weitere Trainingsarbeit mitgenommen werden, verschwinden nicht einfach. Sie tauchen dann später als Mangel bei allen schwereren Lektionen deutlich sichtbar wieder auf. Fallen etwa die Volte oder der fliegende Galoppwechsel auf nur einer Hand besonders schwer, ist das Pferd sicherlich nicht korrekt gerade gerichtet worden. Die Suche nach den Gründen für die auftretenden Probleme ist meist nicht einfach und nur dann erfolgreich, wenn der Reiter die Zusammenhänge der richtigen Dressurarbeit, den roten Faden, verstanden hat.

Alle hier aufgezeigten Übungen können natürlich auch von der Reitbahn ins Gelände verlagert werden. Besonders junge Pferde finden bei der Arbeit auf unebenem Boden schneller ihr Gleichgewicht. Die Geländearbeit ist sehr wirkungsvoll, wird von „reinen Dressurreitern" aber aus Zeitgründen, mangels Gelände oder aus Angst vor dort auftretenden Herausforderungen sehr selten genutzt. Ihre Vorzüge überwiegen jedoch die möglichen Nachteile bei Weitem. Die positiven Eindrücke, die das Reiten in der Natur für Pferd und Mensch mit sich bringen, verringern ganz erheblich kraft- und zeitraubende Abstimmungsprobleme zwischen Reiter und Pferd. Zu Beginn sorgen die

Erlebnisse außerhalb der gewohnten Umgebung besonders bei jungen Pferden für Aufregung und Nervosität – ein Umstand, der es dem Reiter oft leichter macht, die Führung zu übernehmen und die Aufmerksamkeit seines Pferdes auf sich zu lenken. Das Pferd wird zuhören, dadurch kann der Reiter mit feineren Hilfen arbeiten und viel mehr bewirken. Auf diese Weise lernt das Tier quasi spielend, seinem Reiter zu vertrauen. Außerdem sorgt die ungleichmäßige Beschaffenheit des Bodens für eine höhere Körperspannung und Trittsicherheit beim Pferd, indem es sich verstärkt auf seine Beinarbeit konzentrieren muss. Kleine Dressureinheiten, in die Geländearbeit eingebaut, erhöhen den Lerneffekt und die Motivation deutlich und vertiefen das Gelernte.

Die Arbeit im Gelände ist also keine Minderung der Dressurarbeit, sondern führt im Gegenteil zu einem starken Motivations- und Lernschub des Pferdes. Gegenseitiges Vertrauen, das im Gelände ebenso gestärkt wird, ist Voraussetzung für jedes erfolgreiche Training. Das Abenteuer „Reiten im Gelände" bringt den Reiter zwangsläufig weg vom Dressieren und Dominieren. *Dressur bedeutet: Erziehung plus Gymnastik im gegenseitigen Vertrauen!* Auch wenn draußen Reiten dem Training in der Halle vorzuziehen ist, bietet doch auch die Reitbahn eine Vielzahl von Möglichkeiten, das Pferd sinnvoll zu arbeiten. Wegweisend sind dabei die Lektionen und die Hufschlagfiguren. Diese bereiten durch ihre Form und Anordnung wortwörtlich den Boden, auf dem sich die Ausbildung des Pferdes vollzieht. Zunächst sind es relativ einfache Figuren auf geraden Linien, wie ganze und halbe Bahn, Diagonale oder Mittellinie. Sie lassen Reiter und Pferd Raum und Zeit, sich auf grundlegende Dinge wie Gleichgewicht, Sitz und Hilfengebung zu konzentrieren. Bald kommen dann gebogene Linien wie Schlangenlinien, Zirkel oder Volten hinzu, die bereits einige Sicherheit in

Auch im Gelände lassen sich Dressurlektionen lernen und abfragen. Foto: Tierfotografie Huber

den Grundlagen des Dressurreitens erfordern. Mit ihrer Hilfe lässt sich das Gymnastikprogramm variieren. Wie in der ganzen Dressurausbildung ist auch bei den Übungsreihen und Hufschlagfiguren, die dabei zum Einsatz kommen, eine Steigerung vom Einfachen zum Schweren anzustreben. Hufschlagfiguren, die sich immer wiederholen, sind die „alten Freunde": Sie geben sowohl Reiter als auch Pferd Sicherheit, da sie wohlbekannt sind, und begleiten beide von Anfang an auf ihrem gemeinsamen Weg.

> Basisarbeit

Der Schritt als schwunglose Gangart ist besonders aufmerksam zu reiten, damit sich kein Taktfehler einschleicht. Foto: Tierfotografie Huber

Das balancierte Pferd

Das sich frei bewegende Pferd verfügt über eine natürliche Balance, die sich unter dem Sattel – mit Reitergewicht – vollkommen verändert. Das Pferd muss durch fleißige Dressurarbeit ein neues Gleichgewicht zwischen Vor- und Hinterhand finden. Deswegen ist eine der Grundlektionen die Arbeit an der Balance des Pferdes und des Reiters. Dieser muss lernen, sich in jeder Situation auf dem Pferderücken im Gleichgewicht zu halten, ohne sich zu verspannen. Haben Reiter und Pferd den gemeinsamen Schwerpunkt gefunden, können sie sich mühelos fortbewegen, ohne dass einer von beiden den anderen behindert. Der Reiter ist vom Pferd nahezu nicht zu bemerken, da er sich nicht störend in falscher Balance befindet. Er ist beinahe unsichtbar und in jeglicher Bewegung im Einklang mit dem Pferd. Mit dem balanciert sitzenden Reiter kann sich das Pferd auf seine Gleichgewichtsfindung und seine neuen Aufgaben konzentrieren. Jeder, der einmal ein dreijähriges Pferd angeritten hat, wird dieses Erlebnis bestätigen. Ganz besonders erinnere ich mich dabei an eine äußerst brave dreijährige Remonte, die auch nach monatelangem Geradeausreiten immer noch schwankte wie ein Schiff bei Seegang. Da der Wallach besonders folgsam war, brachte mich nur eine kleine Gegebenheit im Stall auf seine traurige Besonderheit: Er war beinahe blind. Die Besitzer dieses Pferdes konnten nur noch eine Weide suchen, auf der der Wallach sicher und zufrieden Urlaub bis an sein Lebensende machte.

Bei der Arbeit in den folgenden Kapiteln geht es darum, dass das Pferd beim Reiten auf geraden Linien seinen Takt, sein Gleichgewicht und seine Losgelassenheit findet. Dazu wird das Pferd zwar gestellt, aber nur leicht gebogen durch die Wendungen geritten. Als wichtigste Trainingsgangart gilt zu Beginn der Trab, da der Reiter im gleichmäßigen Zweitakt am besten üben kann, ohne Taktstörungen zu verursachen. Sind die Übungen im Trab erfolgreich absolviert, kann im Galopp und Schritt gearbeitet werden. Der Schritt, eine Viertakt-Gangart, verdient unsere besondere Aufmerksamkeit. Ihn gilt es immer taktrein zu halten, daher seien Sie vorsichtig und reiten Sie diese sehr schwunglose Gangart nie mit zu kurzen Zügeln oder zu starkem Druck vom Schenkel.

Reiten von Diagonalen

Das Reiten von Diagonalen ist eine Basisübung, bei der Reiter und Pferd von einem Wechselpunkt zum anderen wechseln. Auch Fortgeschrittene können mit dieser Übung zum Warmreiten eine Reitstunde beginnen. Danach folgen kürzere Diagonalen: das Wechseln vom Wechselpunkt zu E/B (Halbe-Bahn-Punkt) oder beginnend von E/B zum Wechselpunkt durch die halbe Bahn. Beides dient der Überprüfung, ob der Reiter sein Pferd an feinen Hilfen hat, also ob er mit Schenkeln, Sitz und Zügeln das Pferd einrahmen und steuern kann.

Voraussetzung

Wir starten mit dieser Lektion, wenn die Gewöhnungsphase des Anreitens abgeschlossen ist. Dabei ist es unerheblich, ob es sich um eine Remonte oder ein älteres Pferd handelt, das noch wenig dressurmäßig geritten wurde. Wichtig ist hierbei, dass das Pferd die einfachen Hilfen wie Zügel- und Schenkeldruck kennt und der Reiter es in Tempo und Richtung lenken kann.

Lektionsbeschreibung

Das Reiten einer Diagonalen ist nicht einfach nur das Entlangreiten auf einer gedachten geraden Linie, sondern es hat einen komplexen Ablauf:

1. das Durchreiten einer Ecke vor dem Abwenden, siehe auch Seite 34,
2. das Abwenden auf die gerade Linie,
3. das Reiten einer absolut geraden Linie,
4. das rechtzeitige Erreichen des Hufschlags deutlich vor der Ecke und schließlich
5. das Durchreiten der zweiten Ecke.

Immer das gleiche Tempo und den gleichen Takt halten!

Zum Abwenden auf die Diagonale streckt der Reiter seinen Sitz, schaut in die neue Richtung und bereitet die Wendung mit dem inneren Schenkel treibend vor. Sofort danach macht er das Pferd durch kurzes Annehmen und sofortiges Nachgeben („Leichtwerden") mit dem inneren Zügel auf die neue Bewegungsrichtung aufmerksam. In der Wendung wird die innere Hand leicht getragen und vermehrt geschlossen. Wichtig ist, dass die Schulter des Pferdes vornehmlich durch den Reitersitz gewendet wird, wobei der Reiter den sogenann-

Mit dem Körper des Reiters wird die Vorhand des Pferdes in die neue Richtung gewendet. Die innere Hüfte könnte noch etwas mehr vorgeschoben werden.

Beim Abwenden auf die Diagonale nicht vergessen, das äußere Hinterbein zu aktivieren.

ten „gedrehten Sitz" einnimmt. Er unterstützt die Wendung der Vorhand vom Hufschlag in die neue Bewegungsrichtung.

Sobald die Wendung eingeleitet und die Vorhand aus dem gedrehten Sitz gewendet wurde, aktiviert der Reiter das äußere Hinterbein und steuert nun den Pferdekörper im Balancesitz schnurgerade auf der Diagonalen. Dabei ist darauf zu achten, dass die Linie genau eingehalten wird. Vor Erreichen des Hufschlags und damit dem erneuten Abwenden müssen der neue äußere Ober- und Unterschenkel das Pferd am Ausfallen hindern. Gleichzeitig animiert der neue innere Schenkel das innere Hinterbein zum Vor- und Untertreten. Zum Abwenden nimmt der Reiter Platz im Sattel und wirkt aus dem gedrehten Sitz erneut wie beschrieben ein. Abschließend wird die Ecke wieder in gleichmäßiger Anlehnung an beiden Zügeln flach durchritten.

Wir konzentrieren uns auf das Reiten der Diagonalen: Das Wesentliche beim Durchreiten einer Ecke ist, dass der Reiter gut im Schwerpunkt sitzt und dadurch die Losgelassenheit und Geschmeidigkeit beider Partner harmonieren. Dabei bleibt das Pferd mit seinen Beinen immer senkrecht und kann so sein Gleichgewicht und seinen Takt halten. Alle vier Beine werden gleichmäßig in der Wendung belastet und das Pferd lässt sich nun spielend durch die Wendung führen.

Der Reiter behält immer seinen Sitzschwerpunkt. Dabei wird die Hüfte parallel zur Hüfte des Pferdes innen vorschwingend eingesetzt und die Schulter parallel zur Schulter des Pferdes genommen. Die innere Schulter des Reiters geht leicht zurück bis zum gedrehten Sitz unter Beibehaltung des eigenen Sitzmittelpunkts. Durch das Zurücknehmen der inneren Schulter bei aufrechtem Sitz ergibt sich kurzfristig vermehrter Druck auf dem inneren Gesäßknochen und das Gewicht wird, für den Betrachter unsichtbar, minimal nach innen verlagert. Wichtig: aufrecht sitzen bleiben! Bauch vor. Der Reiter sitzt immer geschmeidig tief im Sattel und verteilt sein Gewicht auf beide Gesäßknochen und den Spalt (Dreipunktsitz).

In jeder Ecke wird auch das innere Hinterbein zum Untertreten animiert.

Schwerpunkt von Reiter und Pferd bleiben in der Bewegung zusammen. Hilfreich ist es, die Wendung in Gedanken vorzubereiten, aus dem Sitzmittelpunkt zu wenden und dabei das Pferd gut einzurahmen. Die Mittelpositur ist die Übertragungsstelle der treibenden und der wendenden Schenkelhilfen!

auf Takt und Tempo sowie dem sorgfältigen Abwenden aus dem Dreipunktsitz. Dabei sitzt der Reiter immer auf dem Sitzdreieck.

Beim Reiten der Wendungen lässig bleiben und die Geraden genießen. Locker und fröhlich so lange üben, bis es klappt, dann sofort Pause machen!

Sobald der Ablauf sowohl für Reiter als auch Pferd zur Routine geworden ist und die technischen Abläufe eingeübt sind, sollte diese Übung leicht und mit wenig Kraft auszuführen sein. Dabei werden nur noch Signale gesetzt und in das Pferd hineingehorcht. Ganz besonderes Augenmerk liegt

Trainingserfolg

Das Pferd belastet in den Wendungen für kurze Zeit vermehrt das innere Hinterbein und tritt unter den Schwerpunkt des Reiters. Damit wird die Schulter frei und lässt sich leicht abwenden. Der Takt wird gefestigt. Die Verbindung zur Hand

Basisarbeit

Die Diagonale wird schnurgerade geritten. Die Reiterin sollte bei verkürzten Zügeln ihre Hände aufrechter tragen.

Fehler und Lösungen
- Das Pferd stürmt: Ruhiger Sitz, Takt regeln, häufiger die Hand wechseln, im Schritt am langen Zügel arbeiten.
- Das Pferd schwankt: Tempo frischer, den Sitz besser balancieren, Kopf hoch. Achtung: Nicht in der Hüfte einknicken!
- Zu enge Wendung: Schneller Nachgeben am inneren Zügel, innere Hüfte vor, mehr innerer Schenkel, frisch vorwärts, ohne zu eilen.
- Zu weite Wendung: Zuerst das innere Hinterbein aktivieren, dabei mit den äußeren Hilfen stärker begrenzen, Pferd besser einrahmen.
- Hinterhand fällt aus: Äußerer Schenkel mehr ans Pferd, das Pferd mit Sitz und Bein besser einrahmen, leichte Längsbiegung, ruhiger Sitz.

Variationen
Alle Diagonalen dienen dem Handwechsel in unterschiedlichen Variationsmöglichkeiten. Das Pferd wird dabei abwechselnd in allen drei Grundgangarten geritten.
- Immer wieder durch die ganze Bahn wechseln, ohne ganze Bahn zu reiten. Immer nur durch die kurze Seite reiten, dann sofort wieder die Hand wechseln. Der Reiter hat auf den Diagonalen genug Zeit, sich im Balancesitz auf die nächste Wendung vorzubereiten. Er kann die kurze Seite auch als halben Zirkel anlegen und sie ohne Ecken reiten.
- Die Anforderungen werden gesteigert, indem einmal durch die halbe Bahn gewechselt wird: Nach einem deutlichen Abwenden der Schulter in Bewegungsrichtung bleibt dem Reiter durch den kurzen Weg nur wenig Zeit, sich auf die nächste Wendung und den gedrehten Sitz vorzubereiten. Achtung, volle Konzentration, auch wenn diese Übungen einfach scheinen!
- Einmal durch die halbe Bahn wechseln von E oder B zum Wechselpunkt: Während das erste

wird sicherer. Durch häufiges Abwenden auf die Diagonale mit geregeltem Takt und gleichmäßigem Tempo verbessert der Reiter die Losgelassenheit, das Gleichgewicht und die Geraderichtung.

Auch in dieser verhältnismäßig einfachen Lektion geht es um Festigung, Ausbau und Überprüfung der gemeinsamen Sprache von Reiter und Pferd: der Hilfengebung. Da das Reiten von Diagonalen noch keine erhöhten Anforderungen an den Reiter stellt, bietet sich ihm besonders bei diesen übersichtlichen Lektionen die Möglichkeit, das Zusammenspiel seiner Sitz-, Schenkel- und Zügelhilfen zu optimieren. Er arbeitet an seiner Balance, übt beim Abwenden den gedrehten Sitz und richtet sein Augenmerk auf die unabhängig getragene Hand, die im Lauf der Wendeübungen immer weniger tätig wird. Die häufige Wiederholung der Diagonalen in verschiedenen Variationen fördert zudem das Mitdenken des Pferdes.

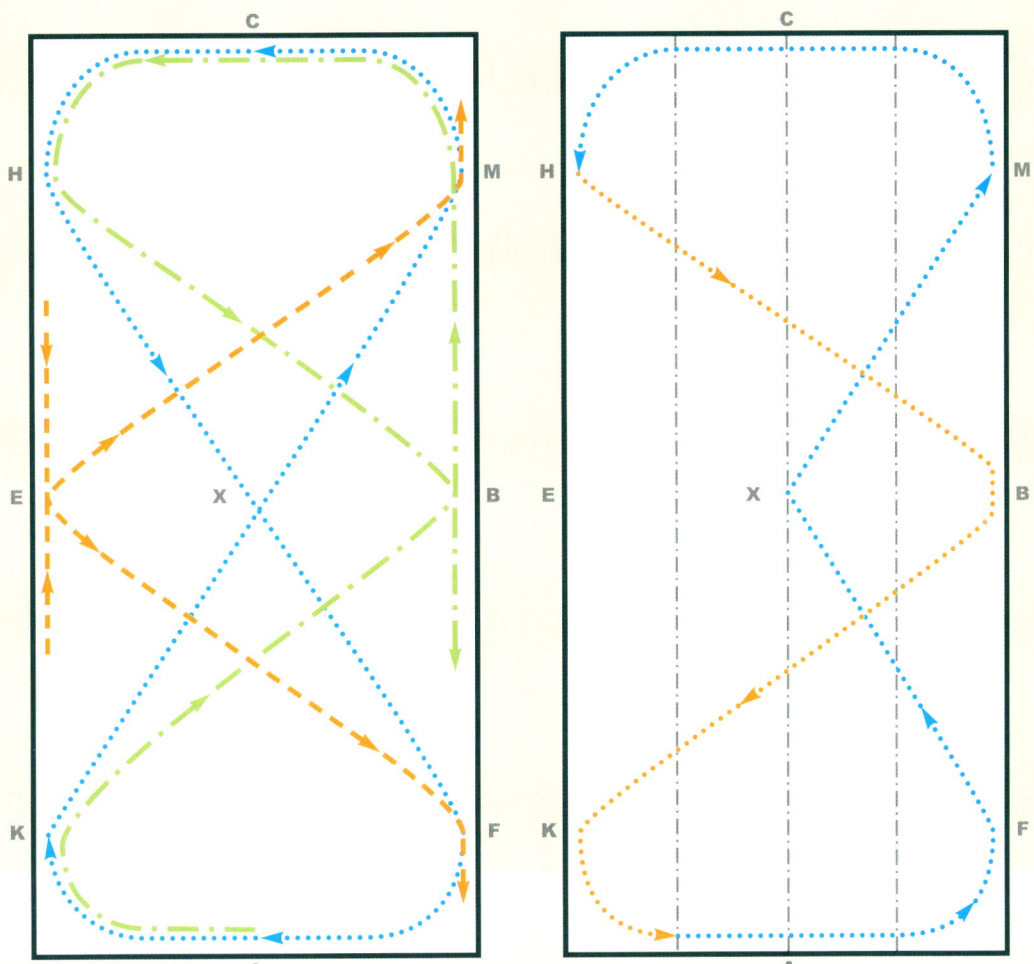

Blaue Linie: immer wieder durch die ganze Bahn wechseln
Grüne Linie: wiederholend durch die halbe Bahn wechseln
Orangefarbene Linie: immer wieder vom H/B-Punkt zum Wechselpunkt wenden

Blaue Linie: Zickzack-Schlangenlinie mit starken Wendungen
Orangefarbene Linie: zweimal durch die halbe Bahn wechseln

Abwenden in Ruhe vorbereitet werden kann, schließt sich nach einer kurzen Distanz eine Wendung mit unmittelbar daraufolgender Ecke an. Der Reiter hat viel zu tun und muss sich sehr konzentrieren!

- Zickzack-Schlangenlinie: Sie wird vom Wechselpunkt zu X und zurück zum Wechselpunkt geritten, sehr sorgfältig auf Einhaltung der Linie achten!
- Zweimal durch die halbe Bahn wechseln: Starkes Wenden der Vorhand mit auf der Linie fixierter Hinterhand Richtung Halbe-Bahn-Punkt, davor ankommen, dann in die neue Richtung wenden. Achtung: immer frisch vorwärtsreiten!

> Basisarbeit

Mein Rat zum Erfolg
Besonders junge und Korrekturpferde können mit dieser einfachen, aber wirkungsvollen Übung Vertrauen gewinnen. Es lohnt sich, sie täglich zu Beginn einer Trainingsstunde so oft zu wiederholen, bis Reiter und Pferd die Sicherheit haben, sich in Bruchteilen von Sekunden zu verständigen. Später wird das Reiten von Diagonalen erweitert, indem viel schwierigere Lektionen wie Schultervor, Schulterherein, Travers oder Kurzkehrt sowie Mitteltrab oder starker Schritt hinzukommen. Der Reiter beginnt spätestens hier mit der getrennten Hilfengebung. Schenkel, Sitz und Hand werden niemals gleichzeitig benutzt, sondern nacheinander: erst der Schenkel, dann der Zügel. Viele gleichzeitige Hilfen überfordern das Pferd und fügen ihm Stress zu.

Freie Linien

Während das Reiten auf dem Hufschlag Reiter und Pferd eine komfortable seitliche Anlehnung gewährt, müssen nun beide beim Reiten auf freien Linien, wie der Fünfmeterlinie, der halben Bahn oder der Mittellinie, ohne diese Unterstützung auskommen. Das Fehlen jeglicher Begrenzung durch die Umgebung kennzeichnet eine freie Linie. Es ist wichtig, die freien Linien auch in der Reitbahn korrekt zu reiten: Das Pferd wird dabei in allen drei Grundgangarten im frischen Vorwärts gearbeitet, ohne zu eilen. Es verbessert so sein Gleichgewicht, damit in den Kurven kein „Motorrad-Feeling", also eine Schräglage des Pferdekörpers, entsteht.

Voraussetzung
Für die Ausführung dieser Übung sollte der Reiter balanciert sitzen. Das Pferd nimmt die Hilfen willig an und hat seinen Takt gefunden.

Lektionsbeschreibung
Um eine freie Linie reiten zu können, muss der Reiter das Pferd rechtzeitig vom Hufschlag abwenden. Dazu leitet er wie gewohnt die Wendung mit dem inneren treibenden Schenkel ein und begrenzt die äußere Pferdeschulter mit dem Oberschenkel. In guter Anlehnung an beiden Zügeln wird das Pferd nun im 90-Grad-Winkel ohne Bandensicherheit auf eine freie Linie abgewendet. Nach dem Abwenden treibt der äußere Schenkel am Gurt vor und hält das Pferd gerade. Frisches Vorwärtsreiten im Takt erleichtert dabei das Einhalten der Linie. Soll die Hand gewechselt werden, stellt der Reiter auf der freien Linie sein Pferd eine Pferdelänge

Bleibt das Pferd in den Wendungen nicht am inneren Schenkel und senkrecht mit seinen Beinen, ist das Gleichgewicht noch deutlich zu verbessern.

Foto: Tierfotografie Huber

Freie Linien verfeinern die Hilfengebung und die Kommunikation zwischen Reiter und Pferd.

vor Erreichen des Hufschlags um. Dann setzt er sich in die neue Bewegungsrichtung, ändert die Schenkellage, treibt innen vor, verwahrt außen und begrenzt mit beiden Zügeln. Das Gewicht bleibt dabei immer auf den beiden Gesäßknochen und dem Spalt.

Trainingserfolg

Das Reiten von freien Linien schult das Bewusstsein des Reiters für die äußeren und inneren Hilfen. Die Gleichmäßigkeit der Bewegung lässt ihn zum Sitzen kommen und gibt ihm Zeit, sich vermehrt auf das Pferd zu konzentrieren. Das Pferd wiederum lernt die Reiterhilfen besser zu verstehen und dem Reiter zuzuhören. Das Gleichgewicht beider wird deutlich verbessert.

Fehler und Lösungen

- Das Pferd schwankt: Mit Sitz und Gewicht im Schwerpunkt bleiben, etwas frischer reiten.
- Das Pferd eilt: Immer den gleichen Takt halten, sowohl in den Wendungen als auch auf der Geraden.
- Das Pferd drängt zur Bande: Mehr äußerer Schenkel am Gurt, frisch vorwärtsreiten, häufiger Handwechsel, auf beiden Händen wiederholen.

> Basisarbeit

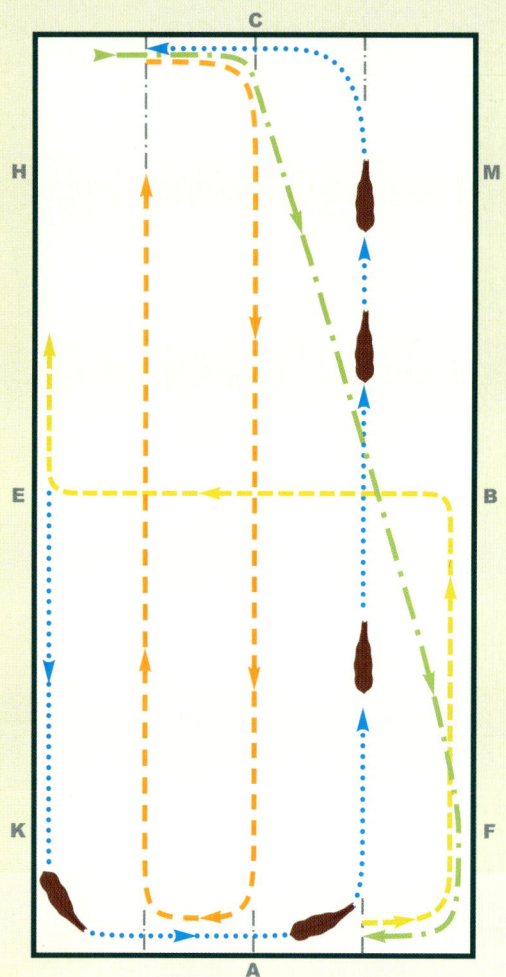

Orangefarbene Linie:
Abwechselnd Mittellinie – Fünfmeterlinie reiten
Grüne Linie: Abwenden von C oder A zum Wechselpunkt
Blaue Linie: Fünfmeterlinie
Gelbe Linie: Halbe-Bahn–Linie

- Fünfmeterlinie – halbe Bahn – Fünfmeterlinie: Freie Linien ohne Anlehnung an die Bande, dadurch optimale Einwirkung des Reiters möglich, Hilfengebung verfeinern.
- Mittellinie – Fünfmeterlinie: Auch hier keine Anlehnungsmöglichkeit an die Bande, Hilfen des Reiters werden verfeinert.
- Diagonales Wegreiten von C oder A in Richtung Wechselpunkt ohne Handwechsel: Das Pferd wird mit den äußeren Hilfen deutlich verwahrt und dann gerade zum Wechselpunkt geritten.

Mein Rat zum Erfolg

Das Reiten von freien Linien dient der Vertrauensförderung und zeigt an, inwieweit Ihr Pferd bereits balanciert geradeaus laufen kann. Das sollten Sie auf beiden Händen gleichmäßig trainieren, dabei häufig die Hand wechseln. Sowohl der Balance- wie auch der gedrehte Sitz müssen geübt werden, damit Ihr Pferd optimal unterstützt und nicht im Gleichgewicht gestört wird. Dann klappt die Verständigung prägnanter. Gerade die Kombination freier Linien im Wechsel mit Diagonalen fördert erheblich die Konzentration von Reiter und Pferd. Anstelle des einfachen Ganze-Bahn-Reitens kreiert der Reiter abwechslungsreiche Kombinationen in der Aufwärmphase. Zum Abschluss einer Reitstunde dienen die freien Linien auch der Entspannung oder der Wiederholung von bereits Gelerntem.

Variationen

- Halbe Bahn – Handwechsel – Mittellinie – Handwechsel – halbe Bahn: Erhöhung der Aufmerksamkeit des Pferdes, Absicherung der äußeren Hilfen des Reiters in Verbindung mit Eckenarbeit, siehe Seite 34.

Achtung: Jeden Tag den eigenen Sitz schulen.

Schenkelweichen

Gerade in der Anfangszeit kann diese Übung für Reiter und Pferd sehr nützlich sein, um sie mit der neuen Bewegung sowie der vielseitigen Hilfengebung vertraut zu machen. Der Reiter kann die diagonal einwirkenden Hilfen erlernen und einsetzen. Der innere Schenkel treibt diagonal an den äußeren Zügel heran, der Vorwärtsimpuls wird dort durch leichtes Gegenhalten abgefangen. Das Pferd wird durch Nachtreiben mit dem inneren Schenkel bei Innenstellung nachgiebiger im Maul, indem es sich von der aushaltenden Hand abstößt.

Das Schenkelweichen ist eine Vorwärts-Seitwärts-Bewegung mit diagonaler Fußfolge. Die Ab-stellung von der Grundlinie umfasst maximal 45 Grad. Der losgelassen sitzende Reiter veranlasst das Pferd mit leicht zurückliegendem inneren Schenkel, mit dem inneren Hinterfuß vor und über den äußeren zu treten. Der äußere Schenkel verwahrt. Die Vorhand geht voraus, es wird im Schultervor, siehe Seite 83, geritten, der gedrehte Sitz wird an die neue Bewegungsrichtung angepasst. Diese Lektion nützt besonders dem ungeübten Reiter, der hierbei die vorwärts-seitwärts-treibenden und verhaltenden Hilfen lernt. Auch hier dürfen niemals alle Hilfen (Sitz, Schenkel, Hand) gleichzeitig gegeben werden. Die getrennte Hilfengebung verlangt vom Reiter, dass er seine Körperpartien einzeln und unabhängig voneinander bewegen kann und sich nicht verspannt. Diese Übung kann sowohl im Schritt als auch im Trab geritten werden, dabei ist es wichtig, ganz besonders im Schritt ein absolut ruhiges Tempo (Schneckengang) zu reiten, also jeden Fuß des Pferdes einzeln zu setzen und häufig die Hand zu wechseln.

Mit einem losgelassenen Sitz fühlt der Reiter unter dem Gesäß jeden einzelnen Tritt der Hinterbeine. Bei dieser vertrauensvollen, feinsinnigen Zusammenarbeit setzt das Pferd seine Füße konzentriert, ohne die Balance zu verlieren. Es gibt dem Reiter das Gefühl, das Pferd vor sich zu haben, da es sich nicht hinter den Reiterhilfen „verkriecht".

> Zeit lassen: Langsam „Fuß für Fuß" das Pferd vor dem Schenkel weichen lassen, alle Füße einzeln setzen lassen. Das gerade Pferd ist nicht gebogen, nur gestellt!

Mein Rat zum Erfolg

Wichtig ist, sich zunächst mit wenigen Tritten zu begnügen, denn weniger ist mehr! Dafür müssen jedoch die Tritte bewusst und sorgfältig geritten werden. Für die weitere Ausbildungsarbeit sollte das Schenkelweichen schnellstmöglich vom Übertreten auf der Zirkellinie, Schultervor und Schulterherein abgelöst werden. Diese Übungen sind weitaus gymnastizierender, da sie biegende und schließende Lektionen sind und damit einen höheren Trainingswert haben.

Das gebogene Pferd

In der Ausbildung ist der Punkt erreicht, bei dem aus einem geradeaus gerittenen Pferd ein gerade gerichtetes und gebogenes Pferd wird. Dies ist elementar wichtig, um die Geschmeidigkeit und

Basisarbeit

Korrekte Stellung und Biegung gehört zur „Grundschule" des Pferdes.

rittene Figur ist die Vorstufe zur wirklichen Zirkelarbeit. Sie ist Ausgangspunkt für die zunehmende Gymnastizierung, um später beim rund gerittenen Zirkel zu enden. Der Zirkel ist eine elementare Bahnfigur, auf der das Pferd zu jedem Ausbildungsstand bis zur Hohen Schule gearbeitet wird. Die Zirkelarbeit auf der gebogenen Linie bewirkt eine sehr gleichmäßige Längsbiegung des Pferdes durch den gesamten Körper hindurch. Zwar entspricht diese in der Realität nicht den anatomischen Gegebenheiten, als Modell ist sie dennoch sehr hilfreich, um die Vorstellung des Reiters zu strukturieren.

Das Begreifen und Erarbeiten der einzelnen Trainingsschritte erscheint zunächst lang, ist aber von nachhaltigem Erfolg gekrönt: Das Pferd wird in kleinen Schritten geschult und muss mitarbeiten und -denken. Es wird nicht überfordert, da die „Treppe" gleichmäßig Stufe für Stufe erklommen wird: erst die einfachen, dann die schwierigeren Anforderungen.

Voraussetzung

Reiter und Pferd haben die richtige Verständigungsebene gefunden, indem alle Einwirkungen mittels der Hilfen – besonders der Schenkelhilfen – korrekt und für das Pferd verständlich sind. Das Pferd geht taktmäßig und im Gleichgewicht.

Losgelassenheit in Wendungen und Biegungen zu verbessern, damit das Pferd seinen Körper optimal einsetzen kann. Der Reiter kann weich sitzen und das Pferd arbeitet mit schwingendem Rücken und elastischen, kadenzierten Bewegungen.

Lektionsbeschreibung

Wie einleitend erwähnt, ist es sinnvoll, mit dem Quadratzirkel zu beginnen. Dabei wird von einem Zirkelpunkt zum nächsten geritten mit insgesamt vier Wendungen und vier dazwischenliegenden Geraden. Der Reiter bewegt das Pferd im „Fahrradlenker-Prinzip" durch die Wendung: Er behält die Anlehnung an beiden Zügeln, lässt aber durch leichtes Vorgehen der äußeren Hand die Innenstellung zu. Gesessen wird die Wendung im gedrehten Sitz, gleichzeitig wird das Pferd nun mit dem inne-

Quadratzirkel und Zirkel

Für die biegende Arbeit stehen bewährte und wertvolle Hufschlagfiguren zur Verfügung: Als erste davon soll der wichtige Zirkel erarbeitet werden, beginnend mit dem Quadratzirkel. Diese zunächst als Viereck von einem Zirkelpunkt zum anderen geren Schenkel vorgetrieben. Dadurch tritt der innere Hinterfuß vor und unter den Schwerpunkt des Pferdes und nimmt vermehrt Last auf. Dies führt zu einer leichten Verlagerung seines Schwerpunkts nach hinten. Der äußere Schenkel verwahrt während der Wendung die Hinterhand, damit diese die Linie nicht verlässt. Zwischen den Wendungen wird der jeweils neue Zirkelpunkt im frischen Vorwärts angesteuert, indem mit beiden Schenkeln vorgetrieben wird. Dies hilft dabei, das Pferd vor den Sitz zu bringen sowie den Takt und Schwung zu erhalten. Also: Immer frisch vorwärtsreiten, ohne zu eilen!

Die Zirkelentwicklung geht vom
1. „ersten Reiten" auf dem Zirkel über
2. das „genaue Reiten" auf dem Quadratzirkel mit sich steigernder Eckenzahl zum
3. „verbesserten Reiten" auf dem Zirkel (Reiten in Stellung) und schließlich zum
4. „optimalen Zirkel"; hier können alle Lektionen auf der Zirkellinie geritten werden, wie Schulterherein, Kurzkehrt, Außengalopp oder Galopppirouetten.

Wird im Lauf der Quadratzirkelarbeit der zu Beginn eckige Zirkel immer runder (zunächst 4-, dann 8-, dann 16-maliges Wenden), kann die Längsbiegung des Pferdes intensiviert werden. Sie erstreckt sich vom Hinterbein über das Mittelstück, den Rücken, durch den Hals des Pferdes bis zur ruhigen Hand des Reiters. Dies kann man sich so vorstellen, als ob das Pferd mit dem ganzen Körper, vom Schweif angefangen, Wirbel für Wirbel, bis hin zum Kopf auf der Zirkellinie entlanggeht. Bei der Zirkelarbeit müssen beide Seiten des Pferdes gleichmäßig gymnastiziert und muskulär aufgebaut werden. Hierzu sollte der Reiter ein- bis zweimal öfter auf der schwierigeren Seite des Pferdes die biegende Zirkelarbeit einbauen.

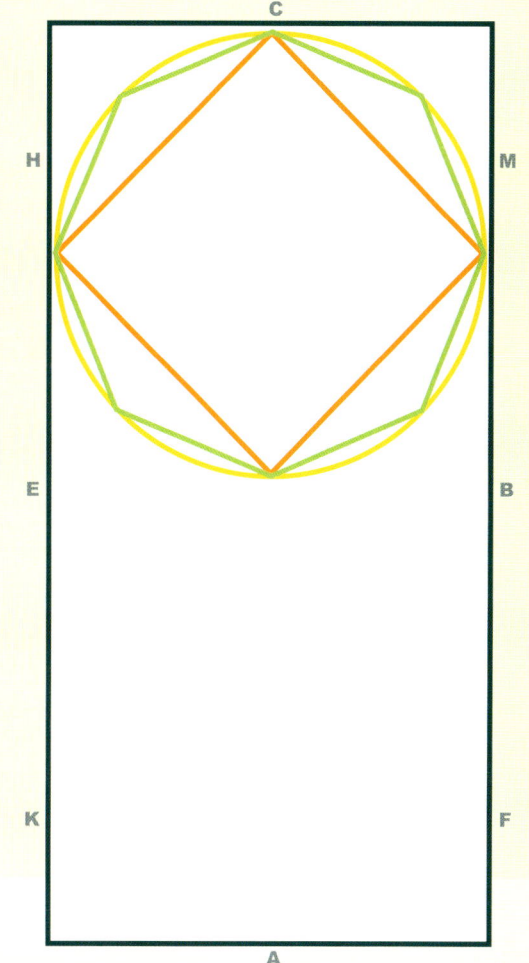

Orangefarbene Linie: der Viereck-Zirkel
Grüne Linie: der Achteck-Zirkel
Gelbe Linie: der Zirkel

Ist die hohle Seite innen, sollte so lange auf die vermehrte Stellung verzichtet werden, bis die steife, feste Seite geschmeidiger geworden ist. Daher auf dieser Hand das Pferd gleichmäßig nur mit Sitz und Schenkel biegen, den Hals aber möglichst gerade halten. Nicht mit dem Zügel biegen wollen! Wenn sich die hohle Seite außen befindet, muss der Reiter mit dem äußeren Zügel immer deutlich

→ Basisarbeit

Die Basisarbeit auf dem Zirkel dient der gerade richtenden Längsbiegung.

fühlt sich das Traben und Galoppieren auf dem Zirkel taktrein und schwungvoll an. Die Schulter des Pferdes wird durch die richtig erarbeitete Wendearbeit immer freier, da der Schwerpunkt durch das Aktivieren der Hinterhand nach hinten verlagert ist. Dadurch hat der Reiter ein gutes Bergaufgefühl und benötigt keine Kraft mehr zum Wenden der Schulter.

Nicht mit dem Zügel biegen wollen, keine Kraft vergeuden! Erst nachdenken!

Trainingserfolg

Die Basisarbeit auf dem Zirkel dient dem ersten Geraderichten des Pferdes: Seine Hinterbeine folgen der Spur der Vorderbeine genau, fußen aktiv unter den Schwerpunkt und es tritt in Anlehnung an beide Zügel gleichmäßig heran. Die Längsbiegung des Pferdes ermöglicht es dem Reiter, das innere Hinterbein unter dem Sitz zu fühlen, und lässt ihn tiefer im gemeinsamen Schwerpunkt zum Sitzen kommen – das Pferd zieht den Reiter förmlich in den Sattel.

Durch die Hinterbeinaktivität und den aufgewölbten Rücken schließt sich das Pferd und entwickelt eine sehr positive Körperspannung. Da der Schwerpunkt vermehrt in Richtung Hinterhand verlagert ist, lässt sich das Pferd mit leichter Hand und gedrehtem Sitz wenden. Dabei erhält der Reiter immer den Takt. Eine Steigerungsform der Zirkelarbeit beschreibt sich im Zirkelverkleinern und -vergrößern.

Fehler und Lösungen

Kontrollieren Sie sich wie ein Balletttänzer im Spiegel: Wo sind die Schenkel? Wo ist die Hüfte?

Verbindung halten. Auch muss er auf das Verwahren des äußeren Hinterbeins achten sowie darauf, das Pferd fleißig mit dem am Gurt liegenden inneren Schenkel zu aktivieren und mit aufrechtem Sitz abzufangen. Bei guter Zirkelarbeit wird die Anlehnung an der steifen und hohlen Seite im Lauf der Ausbildung gleichmäßig weich, sie können sogar innerhalb einer Übungsstunde wechseln. Die hohle Seite wird schon als Fohlen im Mutterleib geprägt, man spricht daher von der natürlichen Schiefe.

In der nun verbesserten Ausbildung von Reiter und Pferd werden alle Wendungen nur noch in der Reihenfolge Sitzeinwirkung – Schenkelhilfe – beidseitige Zügelhilfe eingeleitet. Wenn der Reiter korrekt mit Schenkel und Sitz um die Wendung reitet und nicht „Kutsche fährt", also nur am Zügel zieht,

Wo sind die Hände? Sind Sie in der Lage, Ihre Hilfen getrennt einzusetzen?

Meist stört die schlechte Balance des Reiters das Pferd. Daher gilt: üben, üben, üben!

- Das Pferd wendet sich leichter auf einer Seite als auf der anderen: Immer mit dem inneren Schenkel vortreibend die Wendung einleiten. Auf der schwierigeren Seite mit dem äußeren Zügel begrenzen, die Verbindung halten. Das Pferd bei gleichem Druck an beiden Zügeln am Sitz im Schwerpunkt und mit den Schenkelhilfen aufmerksam halten.
- Wegdrängen an der offenen Zirkelseite, eventuelles Umdrehen, Weglaufen zum anderen Zirkel: Mehr äußerer Schenkel, Knie, Oberschenkel anlegen, der äußere Zügel begrenzt die Schulter deutlich.
- Das Pferd läuft in den Zirkel: Mehr innerer Schenkel und den Sitz zentrieren, Balance halten, das Pferd vor dem Sitz halten.
- Die Vorhand „klebt" an der Wand, kann nicht gewendet werden: Die äußeren Hilfen permanent absichern, nicht erst an der offenen Seite mit dem Reiten beginnen!
- Die Hinterhand drängt nach außen oder innen: Jeweils mit dem gleichseitigen Schenkel begrenzen und vortreiben.

Variationen

Der Zirkel bietet eine große Vielfalt an Variations- und Kombinationsmöglichkeiten:
- Aus dem Zirkel wechseln: Beim Überqueren der Mittellinie sorgfältig aus dem gedrehten Sitz in die neue Richtung wenden, das Pferd umstellen

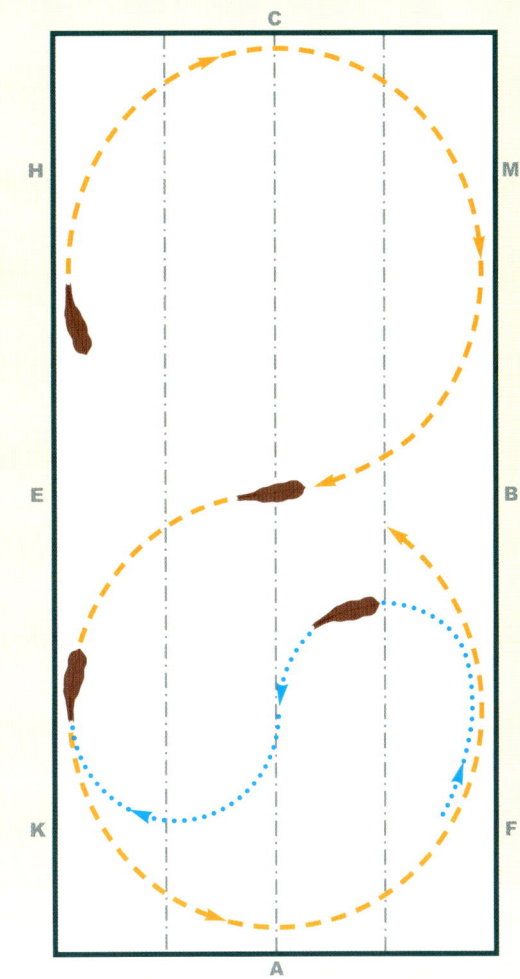

Orangefarbene Linie: aus dem Zirkel wechseln
Blaue Linie: durch den Zirkel wechseln

und in die neue Richtung schauen! Das Pferd bleibt vor dem Sitz. Im Mittelpunkt eine Pferdelänge im Balancesitz geradeaus reiten. Mehrfach auf zwei Zirkeln große Achten reiten; das Genick des Pferdes lässt sich schneller stellen, wird viel durchlässiger und geschmeidiger.
- Durch den Zirkel wechseln: Mit stärkerer Längsbiegung zuerst im Schritt am langen Zügel beginnen. Wichtig: Immer auf Tempo und Takt achten!

Basisarbeit

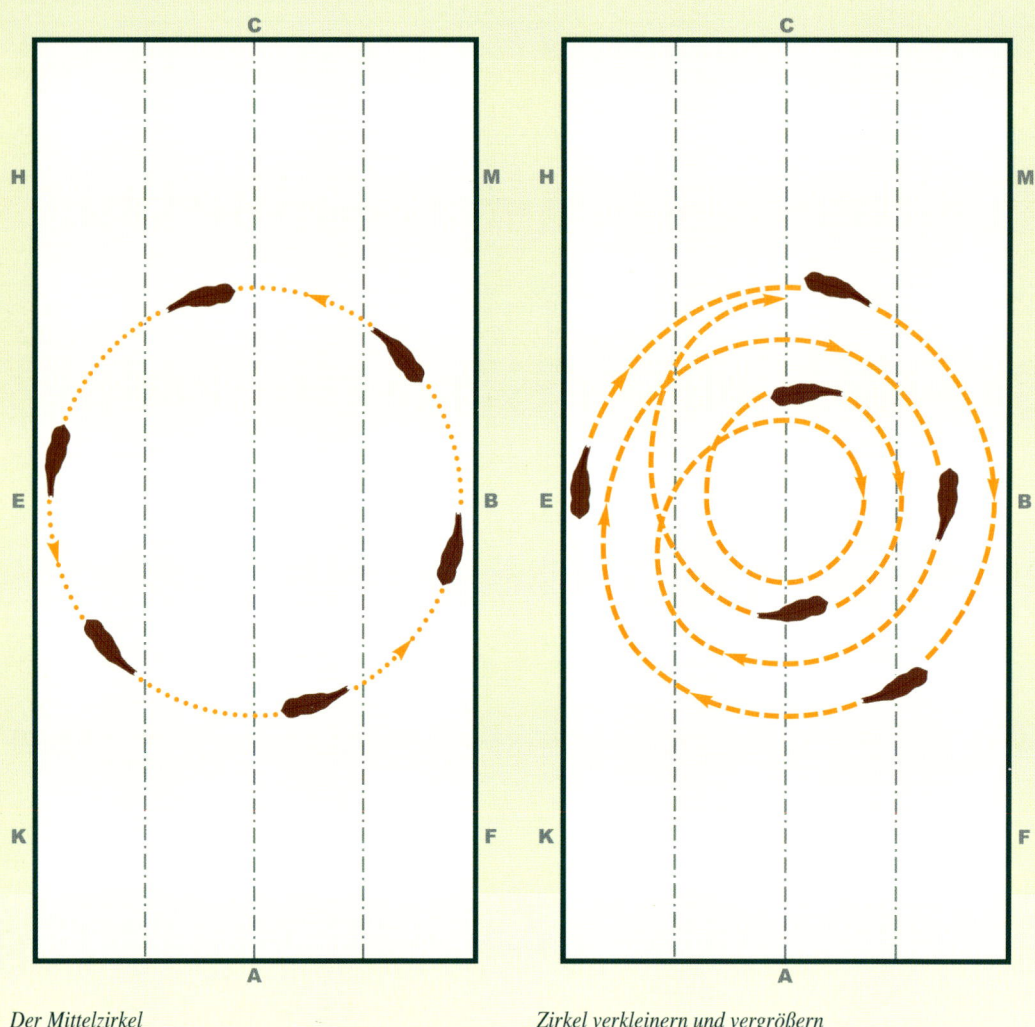

Der Mittelzirkel *Zirkel verkleinern und vergrößern*

- Reiten auf dem Mittelzirkel: Mit zwei offenen Seiten wird diese Arbeit spannend! Es ist ganz bewusst auf die äußeren Hilfen zu achten, die Wade begrenzt die Hinterhand, Knie und äußerer Zügel die Schulter. Der Bewegungsfluss bleibt erhalten.
- Zirkel verkleinern und vergrößern als lösende Übung: Spiralförmig zur Zirkelmitte reiten, dann innerhalb einer halben Runde zur Grundlinie zurückkehren. Diese Übung sorgt für eine vermehrte Rippenbiegung. Dabei empfiehlt es sich, zwar mit spielerischer Leichtigkeit, aber doch mit genauer „Schenkelaufsicht" zu reiten. Nicht zwingen und kämpfen, sondern die Übung regelmäßig im Wechsel von starker Längsbiegung und Vorwärts wiederholen! Last but not least gilt: Das wechselnde An- und Abspannen der Muskulatur ist wichtig, da nur die lockere, gut durchblutete Muskulatur in kurzer Zeit aufgebaut werden kann.

Mein Rat zum Erfolg

Achten Sie unbedingt darauf, dass Sie immer aus dem Sitz heraus wenden und dabei die Zügeleinwirkung minimieren. Nicht vergessen, dass die ein- oder beidseitigen Schenkelhilfen immer vor den Zügelhilfen gegeben werden. „Hört" das Pferd nicht zu, kann es daran liegen, dass Sie mit zu viel Hand reiten. Als Faustregel können Sie sich merken: Dreimal so viel treiben wie verhalten. Weniger mit der Hand halten, dann müssen wir auch weniger treiben.

Durch das permanente Wenden haben Sie die Möglichkeit, die Koordinierung Ihrer Hilfen zu üben und die Reaktion des Pferdes zu erfühlen. Dafür benötigen wir ein dem jeweiligen Pferdetyp angepasstes Zusammenspiel aller Hilfen in feinster Abstimmung. Horchen Sie in sich hinein, nur so können Sie „fühlen" lernen! Ziel ist, auch mit geschlossenen Augen die Hinterbeine und ihre Fußung zu spüren, denn daraus ergibt sich, wann welche Einwirkung auf das Pferd richtig ist. Es gibt uns Feedback, ob die Dosierung passend war oder nicht.

Das gelöste Pferd bekommt ein Bewusstsein für seinen Körper und lernt besonders seine Hinterbeine wahrzunehmen. Es lässt Sie dabei gut sitzen und spart seine und Ihre Kräfte. Das wunderbare Ergebnis von biegender Zirkelarbeit ist ein geschmeidiges Pferd, das kadenziert und freudig mitarbeitet und auf seine nächste Aufgabe wartet. Gleichzeitig wird die Muskulatur an den richtigen Stellen aufgebaut – damit verschönert sich in kurzer Zeit die Oberlinie Ihres Pferdes deutlich.

Reiten von Schlangenlinien

Durch die Zirkelarbeit ist das Pferd für die Arbeit auf gebogenen Linien gut vorbereitet. Nun ist der richtige Zeitpunkt gekommen, eine stärkere Längsbiegung zu fordern, wofür das Reiten von Schlangenlinien besonders geeignet ist. Gleichmäßiges Biegen auf beiden Händen ist auch für eine gute Bemuskelung des ganzen Pferdekörpers wichtig. Zudem haben Schlangenlinien einen positiven Einfluss auf die Geschmeidigkeit des Pferdes: Durch wechselndes Umstellen werden die besten Voraussetzungen für eine Lockerung des Genicks geschaffen. Dieses „Ablösen" des Genicks ist ein wichtiger Bestandteil der späteren perfekten Losgelassenheit. Wenn sich das Pferd durch vermehrtes Nachtreiben gegen die aushaltende Hand vom Gebiss abstößt, kann die Hinterhand mit Leichtigkeit aktiviert werden. Damit beginnt die Durchlässigkeit von der Hinterhand über den schwingenden Rücken bis zum Gebiss.

Ein gut über den Rücken schwingendes Pferd, das aktiv mit dem Hinterbein untertritt. Foto: Tierfotografie Huber

Finden Reiter und Pferd ihren gemeinsamen Schwerpunkt, gewinnt das Pferd an Schulterfreiheit.

Voraussetzung

Das Reiten von geraden Linien und die beginnende Zirkelarbeit gelingen ohne Schwierigkeiten. Der Reiter fühlt, wann die Hinterbeine abfußen. Das Erarbeiten von Biegungen erfordert einen sicheren Dreipunktsitz und eine daraus resultierende korrekte Hilfengebung.

Lektionsbeschreibung

Bei den Schlangenlinien handelt es sich um die ununterbrochen wechselnde Biegung von einer auf die andere Hand. Das Pferd wird anfangs auf beiden Seiten in einer leichten Längsbiegung gearbeitet, später in deutlich vermehrter. Der Reiter sitzt im gedrehten Sitz aufrecht in Richtung der jeweiligen Biegung, Blick nach vorn. Zum Biegungs- und Handwechsel wird eine Pferdelänge geradeaus geritten, dabei hat der Reiter Zeit, sich in die neue Bewegungsrichtung zu wenden und das Pferd umzustellen. Die Hand wird leicht getragen.

Der innere Zügel wird beim Umstellen nachgefasst, die Genickstellung wird mit ihm gesichert. Sobald das Pferd im Genick bei geschlossenem, kauendem Maul locker ist, wird aus der Reiterhand nachgegeben. Nun wirkt der Reiter mit dem inneren vortreibenden Schenkel diagonal gegen die äußere Hand und fängt das Untertreten des inneren Hinterbeins in der Anlehnung und mit dem Sitz ab. Das Pferd bleibt hierbei immer vor dem Sitz. Der äußere Zügel lässt die Stellung zu, begrenzt aber gleich wieder. Nachtreiben und verwahren des Schenkels funktioniert genauso wie bei der Zirkelarbeit. Der innere aktiviert, der äußere verwahrt die Hinterhand. Die flache Wade umschließt den Pferdebauch und liegt dicht an.

Häufige Handwechsel festigen das Bewusstsein und die Geschicklichkeit des Reiters in der Stellung und Biegung. Zugleich trainiert er die diagonale Hilfengebung: Der innere Schenkel treibt an den äußeren Zügel.

1. Lernen der Einwirkung
2. Bewusstsein wecken: Was soll passieren?
3. Einüben der Abläufe und der Hilfengebung
4. Trainieren in Variation: Häufiges Wiederholen mit Abwechslung
5. Automatisieren: Handeln, ohne nachzudenken, die Übung ist immer abrufbar!

Beim Umstellen in den Schlangenlinien Tempo und Takt halten!

Trainingserfolg

Bei dieser biegenden Gymnastikarbeit und dem häufigen Umstellen im Genick fühlt der Reiter deutlich das Schwingen des Rückens, er kommt bequemer zum Sitzen. Das Genick des Pferdes wird zunehmend lockerer und durchlässiger und der Reiter kann die Wendungen mit leicht getragener Hand einleiten. Bei handwechselnder Biegearbeit auf der Schlangenlinie verbessern sich nochmals Geschmeidigkeit und Wendigkeit der „Partner". Diese Übung bereitet optimal die Seitengänge vor.

Schlangenlinien sind ebenfalls sehr wirkungsvoll, da sie bei Richtungswechseln das Umsitzen des Reiters trainieren. Er übt die Abläufe so lange ein, bis sie automatisiert sind, die Hilfengebung wird verfeinert und das Pferd lernt willig zu folgen. Je weiter der gemeinsame Schwerpunkt von Reiter und Pferd die Schulter freigibt, desto schönere und balanciertere Gänge zeigt das Pferd.

Fehler und Lösungen

- Das Pferd schwankt auf der Linie: Balance halten, mit den Hilfen einrahmen, lotrecht sitzen.
- Die Hinterhand fällt aus: Mit dem äußeren Schenkel verwahren oder leicht treiben, aufmerksam machen.
- Die Vorhand schleudert herum: Weniger Handeinwirkung, mit dem inneren Schenkel gegenhalten und in Balance sitzen.
- Taktfehler in der Wendung: Zurück zur Arbeit auf dem Zirkel, Takt und Tempo regeln, Handführung überprüfen.
- Verwerfen im Genick: Stellung mit dem äußeren Zügel zulassen, Anlehnung an beiden Zügeln durch Treiben gegen die aushaltende Hand aufbauen.
- Keine Stellung: Im Halten das Pferd an die Hilfen stellen und zu beiden Seiten abkauen lassen. In alle Hilfen von hinten nach vorn einschließen und mit der Hand in gleichmäßiger Anlehnung verbleiben, bis das Pferd bei geschlossenem Maul nachgibt – Beispiel „Sahnespritze": Gleichmäßigen Druck aufbauen, ohne dass es herausspritzt.
- Hand drückt nach unten auf den Zügel: Hände anheben, tragen und Wendungen mit leichter Hand einleiten.

Basisarbeit

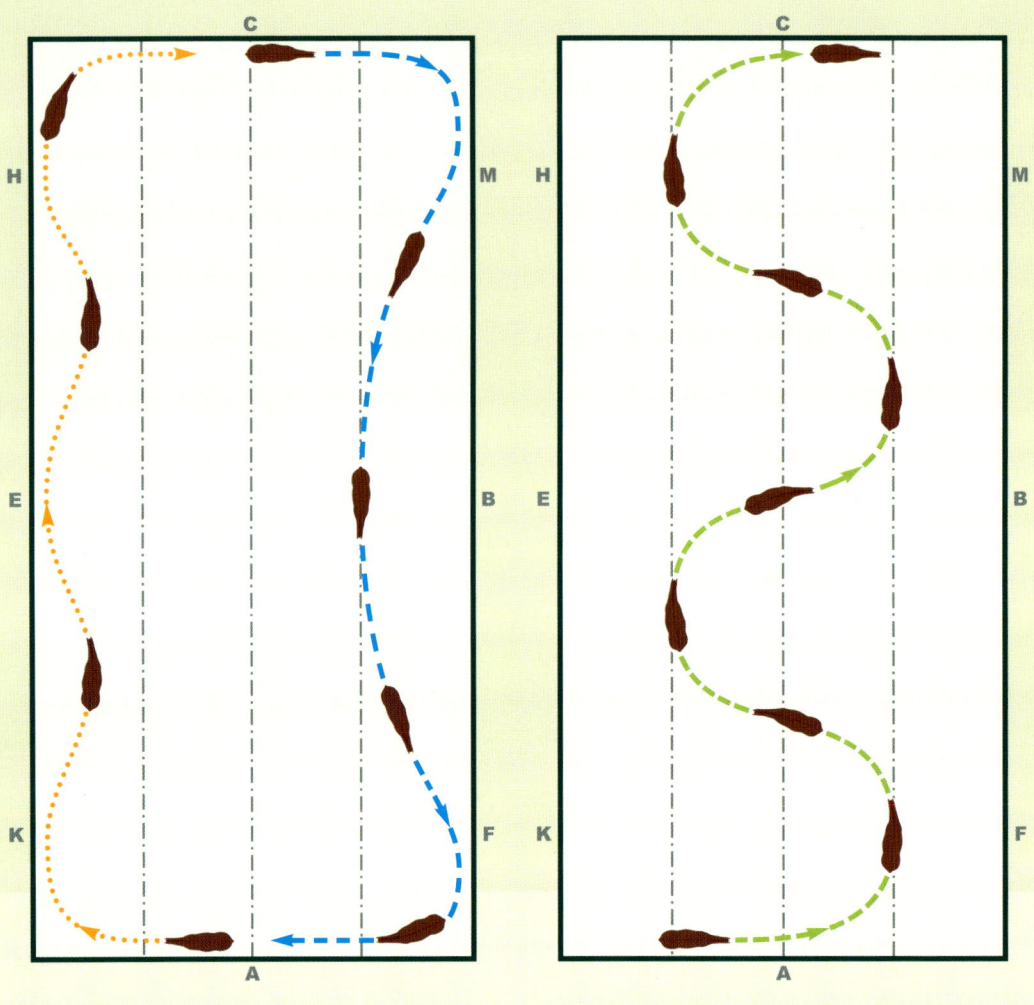

Blaue Linie: einfache Schlangenlinie
Orangefarbene Linie: doppelte Schlangenlinie

Schlangenlinie entlang der Mittellinie

Variationen

Schlangenlinien bieten zahlreiche Variationsmöglichkeiten:

- Einfache Schlangenlinie an der langen Seite: Beinhaltet zweimaliges Umstellen.
- Doppelte Schlangenlinie an der langen Seite: Beinhaltet viermaliges Umstellen.
- Schlangenlinie entlang der Mittellinie: Gleichmäßig weiche Bögen reiten mit jeweils fünf Metern Abstand entlang der Mittellinie; die äußeren Schenkel- und Zügelhilfen beachten.
- S-förmige Schlangenlinie in drei bis sechs Bögen im Galopp mit Übergängen zum Trab oder Schritt: sehr wirkungsvoll für Losgelassenheit, Biegung, Durchlässigkeit und beginnende Versammlung. Alles in einer Übung erreichen und abfragen!
- Halbe Schlangenlinien bis zur Fünfmeterlinie: Zehnmeterbogen in Form von halben Volten

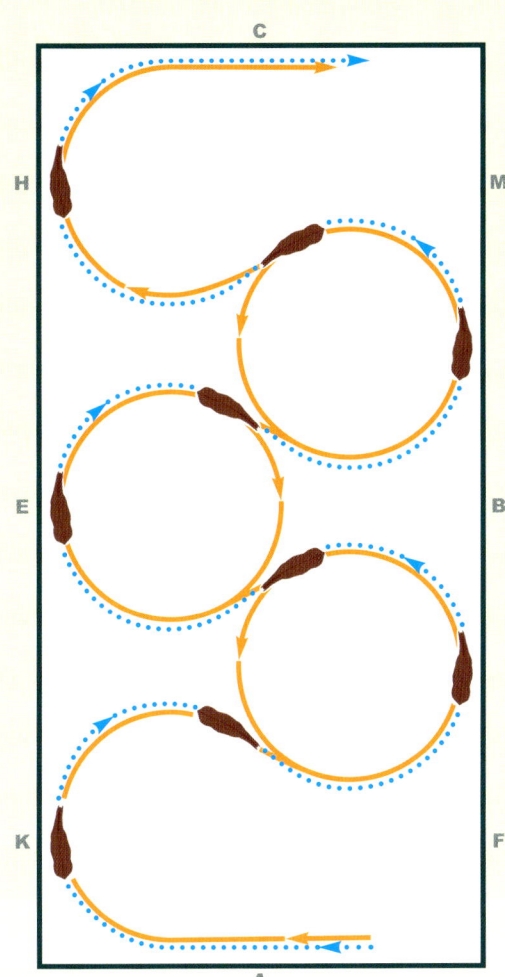

Blaue Linie: S-förmige Schlangenlinie
Orangefarbene Linie: Schlangenlinie mit integrierten Volten

- entlang der Mittellinie: Förderung der Biegung, Balance und Wendigkeit; den Schwung mit in die vermehrte Biegung nehmen!
- Schlangenlinien mit integrierten Volten: Erhöhung der Anforderungen in allen Bereichen. Darauf achten, immer auf der Linie zu bleiben!
- Schlangenlinie im gleichen Galopp auf drei Bögen – Handgalopp kleiner und Kontergalopp großer Bogen: Verbesserung der Balance.
- Kehrtvolte im Galopp mit angeschlossener Schlangenlinie zurück in den Handgalopp: starke Biegung und gutes Unterspringen in der Wendung.

Mein Rat zum Erfolg

Mit diesem Übungsprogramm können Sie täglich den Biegegrad, die Durchlässigkeit und die Aktivität der Hinterhand verbessern. Der gerade richtende Effekt in der Ausbildung wird durch die gleichmäßige Gymnastizierung des Pferdes auf beiden Seiten erzielt. In den Schlangenlinien ist es besonders wichtig, beide Reiterhände gleichmäßig weich zu führen und auch auf der festeren Seite immer wieder nachzugeben. Das Pferd soll sich nicht auf die Reiterhand stützen, sondern eine weiche Anlehnung suchen. Die gerade richtende Arbeit muss außerdem immer frisch vorwärts in fleißigem, rhythmischem Takt sein.

Ich halte die biegende Arbeit mithilfe der Schlangenlinien für unsagbar wertvoll, um möglichst frühzeitig die optimale Losgelassenheit des Pferdes zu erreichen und keine Energie zu verschwenden. Mit gezielter Arbeit ist das Pferd für weitere Aufgaben vorbereitet. Später werden in die Schlangenlinien auch Volten, Übergänge, fliegende Wechsel oder die Piaffearbeit eingebaut. Sie erhöhen zusätzlich die Aufmerksamkeit und Wendigkeit des Pferdes; die Übung lässt kreative Variationen zu und nützt gleich mehreren Trainingsschwerpunkten.

Jetzt wird die Arbeit mit dem Pferd immer spannender und stellt auch an den geübteren Reiter erhöhte Anforderungen. Weiter so!

> Basisarbeit

Die Ecke ist nicht als Ende der Reitbahn anzusehen, sondern als wichtige Lektion, mit der die Geschmeidigkeit verbessert werden kann.

Durchreiten von Ecken

Zunächst scheint das Durchreiten von Ecken keine besonders anspruchsvolle Übung zu sein, da die Seite einer Reitbahn sie entsprechend vorgibt. Der Weg hindurch ergibt sich von allein, will man nicht mit der Abgrenzung kollidieren. Für mich ist das Durchreiten der Ecke ausgesprochen nützlich, um sowohl den richtigen gedrehten Sitz als auch die Längsbiegung des Pferdes zu erarbeiten und zu erfühlen. Das richtige Eckenreiten dient der Vorbereitung aller später folgenden Lektionen und Seitengänge. Die Ecke muss mit den richtigen Hilfen angeritten werden: nachtreiben – halbe Parade – biegen – richtig sitzen – schwungvoll aus der Viertelvolte heraus in die neue Lektion reiten.

Dabei werden einige Ansprüche an die Konzentration und Versammlungsbereitschaft, also die Optimierung der Balance zwischen Vorhand und Hinterhand des Pferdes, gestellt. Diese sollte eins zu drei betragen.

Eine ganze Bahn reiten beinhaltet viermal konzentriertes Eckendurchreiten, durch die Länge der Bahn wechseln bereits sechs. Nutzen Sie jede Wendung aufmerksam und Sie werden in kürzester Zeit große Fortschritte in der Ausbildung erzielen.

Voraussetzung

Bevor wir genau durch die Ecken reiten, sollte der Takt geregelt sein und das Pferd an den Hilfen stehen. Das Pferd verfügt über ein seiner Ausbildung entsprechendes Maß an Längsbiegung und ist mit der Zirkelarbeit vertraut. Beim Lösen können die Ecken abgerundet werden, bevor sie in der Arbeitsphase als eigene Lektion gewissenhaft mit Takt, Rhythmus und Schwung geritten werden. Ich erinnere mich an einen jungen Wallach, der durch seine großen Bewegungen nicht in der Lage war, tief in die Ecke zu gehen. Erst in der versammelnden Arbeit konnte ich das Durchreiten dieser als Lektion genießen. Tritt das Pferd nicht unter den Schwerpunkt, hat man als Reiter auch heute noch Schwierigkeiten, den Fuchs zu sitzen.

Lektionsbeschreibung

Die Ecke wird je nach Ausbildungsstand mehr oder weniger tief ausgeritten. Des gymnastizierenden Effekts sollte sich jeder Reiter stets bewusst sein. Das junge Pferd und auch das ältere, etwas steifere, darf so lange abrunden, bis sich die Längsbiegung ohne Taktverlust verbessert hat. Doch schon zu Beginn der Ausbildung muss die Ecke richtig genutzt werden.

Der Reiter macht das Pferd durch eine halbe Parade auf die Wendung aufmerksam und treibt vermehrt mit dem inneren Schenkel das innere Hinterbein in Richtung der Vorderbeine. Mit dem äußeren, hinter dem Sattelgurt verwahrenden Schenkel achtet er darauf, dass die Hinterhand auf der Linie bleibt. Der gedrehte Sitz erhält den Schwerpunkt und die äußere Hand lässt die Stellung und Biegung zu, während die innere für die Stellung im Genick sorgt. Die Hand wird vorn geführt und hält die Anlehnung gleichmäßig leicht. Das Pferd folgt mit den Hinterbeinen der Spur der Vorderbeine und tritt dabei vermehrt unter den Schwerpunkt.

Beim Herausreiten aus der Ecke geht der äußere Schenkel nach vorn und animiert das äußere Hinterbein zum Vortreten. Immer wieder die Hand wechselnd, wird das Pferd durch Nachtreiben um den inneren Schenkel gebogen und in der Rippe hohl gemacht. Das heißt, dass es keine Spannungen in der inneren Biegung aufweist. Zwischen den Ecken wieder geradeaus und fleißig vorwärts reiten, damit sich Biegung und Vorwärts abwechseln.

„Eine Ecke dublieren" nennt man es, wenn das Pferd gerade in die Ecke hineingeritten und dann sofort mit dem inneren Schenkel am Gurt stark am inneren Hinterbein gefordert wird, sodass dieses nahezu in die Ecke „schleudert". Am inneren Hinterbein wird so eine Reaktion provoziert, deren Idee ist, das Pferd auf feinere Hilfen einzustellen und seine Aufmerksamkeit zu erhöhen. Die Schenkelsignale werden dadurch Respekt einflößender und feiner. Die Vorhand wird zuvor stark in die neue Bewegungsrichtung gewendet und mit dem äußeren Schenkel treibend aus der Ecke herausgeritten.

> Die Wendung frisch reiten und genießen und das aktive Pferd bei sich behalten. Daran denken, lotrecht im Dreipunktsitz zu sitzen!

Trainingserfolg

Bei richtiger Ausführung der Ecke ist es ein Leichtes, mit dem Sitz das Pferd in die Wendung zu reiten und Energie für die nächste Lektion zu sammeln. Immer vorausgesetzt, dass sie richtig durch Reiterhilfen vorbereitet wurde, muss das Pferd in der Ecke für einen Moment mit hoher

Nach dem Durchreiten einer Ecke sind die Pferde neu motiviert. Ecken trainieren den ganzen Körper.

Intensität seinen gesamten Körper benutzen, um sich zu biegen und Last mit dem inneren Hinterbein aufzunehmen. Alles, was frühzeitig durch sorgfältiges Reiten richtig gemacht wird, ist für die spätere Arbeit (aus der Ecke entwickelte Verstärkungen, Kehrtvolten, Abwenden auf die Mittellinie, Schulterherein oder Traversalen) von unschätzbarem Wert. Die Ecke macht locker, sensibel, durchlässig, versammelt, richtet auf, verbessert die Selbsthaltung und trainiert den ganzen Körper. Aus der Ecke heraus kommt ein motiviertes Pferd mit großer Schulterfreiheit!

Fehler und Lösungen
- Das Pferd eilt: Takt regeln auf dem Zirkel.
- Das Pferd wir langsam: Pferd vor dem Bein halten, Schwung erhalten, indem nicht so tief in die Ecke geritten wird.
- Ausfallen der Vor- oder Hinterhand: Mit den Hilfen einrahmen, Hilfengebung überprüfen.
- Das Pferd verwirft sich: Die äußere Hand mitgehen lassen und dann verwahren.
- Das Pferd legt sich auf die Hand: Weniger treiben, weniger festhalten, weniger starke Biegung, langsam das Pferd an die Lastaufnahme gewöhnen.
- Keine Biegung auf einer Seite: Zurück zur Zirkelarbeit und den Schlangenlinien.
- Das Pferd wird eng: Hand vor, mehr treiben, Ecke abrunden.

Besonderheiten
Eine Ecke ist und bleibt eine Ecke und bietet somit keine Variationsmöglichkeiten. Stattdessen soll an dieser Stelle auf Besonderheiten hingewiesen werden, die im abwenden auf freie Linien entstehen, und wie mit ihnen reiterlich umzugehen ist:
- Beim Abwenden auf die halbe Bahn oder Mittellinie an eine Ecke denken: Auf das äußere Hinterbein achten und mit außen begrenzender Handeinwirkung die entlastete Vorhand wenden.
- Kurze, leichte Paraden am inneren Zügel leiten die Wenung ein. Sofort nach dem Abwenden das Pferd gerade machen und vorwärtsreiten.
- Das Gleiche gilt für die Ecke zur Diagonale, die vom Reiter intensiver und länger ausgeritten werden muss wie eine Dreiviertelvolte. Bis zum Abschluss den Schwerpunkt halten und das Pferd vor sich haben.

> **Mein Rat zum Erfolg**
> Für mich stellt die gründlich erarbeitete Ecke einen wichtigen Prüfstein in der Ausbildung des Pferdes dar. Sie zeigt mir, ob es Reiter und Pferd bereits gelingt, in der Ecke den Takt, die Losgelassenheit, die Biegung und die Tragkraft zu bewahren. Elegantes Reiten aus der Ecke heraus mit treibendem äußeren Schenkel ist nur dann möglich, wenn zuvor beim Nachtreiben mit dem inneren Schenkel das Pferd nicht wegeilt, sondern die Energie in ihm bleibt. Dies führt zu mehr Ausdruck und Kadenz in der Bewegung: Reiter und Pferd beginnen zu „tanzen".

Nur die Hinterhand aktivieren, in das Pferd hineintreiben, ohne schneller zu werden, und nicht „über"treiben!

In diesem Bodybuilding-Programm sollten Sie nicht eine Trainingsecke vernachlässigen. Durchreiten Sie sie stets sorgfältig und bewusst, um vor jeder nächsten Lektion und zur Vorbereitung anderer, späterer Lektionen die verbesserte Schulter-

Kadenzierte Bewegungen lassen das Pferd „tanzen". Es wird ausdrucksvoll.

freiheit und Selbsthaltung zu genießen. Die Ecke ist ein gutes Training für den gesamten Körper, denn beim richtigen Reiten der Ecke wird Ihr Pferd nach kurzer Zeit seinen Körper mit angespannter Bauchmuskulatur und entspanntem Rücken auftrainieren. Dazu die Reiterwade gleichmäßig am Bauch treiben, ohne dass das Pferd schneller wird.

Erfolgreiches Training heißt für mich, dass Ihr Pferd lange fit und gesund bleibt und auch schonend auf dem Turnier eingesetzt werden kann. Außerdem gehören Sie damit zu den Reitern, die mit wenig „Kilometerfressen" auskommen und in kurzer Zeit ihr Ziel erreichen, ohne ihr Pferd zu verschleißen. Denken Sie beim Training daran, immer wieder Pausen einzubauen, um die Konzentration des Pferdes nicht überzustrapazieren. Energie für die höheren Lektionen sparen!

> Vergessen Sie nicht, während des Trainings Pausen zu machen. Wenn es am schönsten ist, soll man aufhören!

Die Volte und ihre Variationen

Die Volte ist ein Kreis mit einem Durchmesser von 6 bis 10 Metern; reiterlich gesehen besteht sie jedoch aus mehreren zusammengesetzten Ecken. Sie wird in allen drei Grundgangarten geritten. Durch die Arbeit in den Volten können die Losgelassenheit und die Längsbiegung des Pferdes sehr verbessert werden. Je kleiner die Volte geritten wird,

> Basisarbeit

Eine Volte, hier im Galopp, muss sorgfältig eingeleitet werden, da in ihr nur wenig Zeit bleibt, um Fehler zu korrigieren.

desto höher ist die Gymnastikwirkung und der Versammlungsgrad. Der Reiter muss sorgsam sitzen und wird gefordert, seine Hilfen konzentriert einzusetzen. Volten reiten ist nicht unmodern, erst recht nicht in einer Zeit, in der die Dressur immer mehr dem Dressieren, das heißt dem technischen Reiten, weicht.

Wir sollten den Anspruch haben, mittels der Voltenarbeit die Dressur effektiver zu gestalten. Um das Pferd lange als Partner zu haben, muss es unser Ziel sein, richtig zu gymnastizieren. Darum ist es eine absolut sinnvolle Übung, Volten oder auch Variationen wie die Acht zu reiten!

Voraussetzung

Für die Volte muss das Ausreiten der Ecke eingeübt sein und korrekt ausgeführt werden. Das Pferd lässt sich auf beiden Seiten gleichmäßig biegen und ist durch entsprechende Zirkelarbeit gerade gerichtet und gymnastiziert. Der Reiter sitzt deutlich im gedrehten Sitz, ohne seinen Schwerpunkt zu verlieren, und unterstützt so das Pferd optimal in der Balance. Ein harmonisches Mitschwingen des Reiters bei guter Körperspannung ist notwendig, damit das Pferd nicht während der Volte vom Reiter gestört wird.

Lektionsbeschreibung

Bei der Volte ist – ebenso wie bei der Zirkelarbeit – auf gleichmäßiges Wenden zu achten. Auch hier beginnen wir mit einer Viereckvolte – also einer Aneinanderreihung von vier einzelnen Ecken –, die für den Reiter überschaubar ist. Gelingt diese sicher, setzen wir das Training mit zwei halben Volten fort. Der Reiter hat weniger Zeit als beim Zirkelreiten, die Längsbiegung auf diesem Kreis mit kleinem Durchmesser muss jedoch gewährleistet sein. Besonders in der zweiten Hälfte neigen Pferd und Reiter dazu, diese größer anzulegen, Schenkelhilfen halten das Pferd aber auf der Linie. Die Geschmeidigkeit zu wahren ist in der kleinen Volte deutlich schwieriger als auf dem Zirkel. Reiten Sie daher zu Beginn die Volte ruhig etwas größer (elf Meter Durchmesser), halten Sie die zweite Hälfte rund und denken Sie an vier gleichmäßige „Kuchenstücke", also Ecken.

Bauen Sie einige Wochen lang die großen Volten mit zehn Metern Durchmesser in Ihr Programm ein. Klappen diese, reiten Sie gezielt einige kleinere Versionen. Aufgrund des kleinen Radius müssen der „Antrieb" des Pferdes und die vorbereitenden Hilfen stimmen: Zur Einleitung wird das Pferd mit halben Paraden vorbereitet, in alle Hilfen eingeschlossen und die Hinterhand aktiviert, bis es sich von der Hand abstößt und dann im Genick nachgibt. Daraus wird es sich willig an die Hilfen heranstellen und herumführen lassen.

Während des Reitens der Volte bleibt keine Zeit, den Schwung zu verbessern, da der Reiter beschäftigt ist, sie rund zu reiten. Innen wird nur dann vermehrt getrieben, wenn die Volte zu klein wird, außen, wenn sie zu groß gerät.

Die Hinterbeine werden so aktiviert, dass sie unter den Schwerpunkt fußen und das Pferd „bergauf" gehen lassen. Um dies zu erreichen, wirkt der äußere Schenkel verwahrend begrenzend auf das Hinterbein ein. Das innere Hinterbein wird mit dem inneren Schenkel beim Abfußen zum vermehrten Untertreten angeregt. Gelingt es nun, bei herangeschlossener Hinterhand und gleichmäßiger Hinterhand die Hinterfüße zu aktivieren, fußen die Beinpaare auf einer Linie. Dabei kommt der Widerrist dem Reiter „entgegen" und es entsteht ein „Bergaufgefühl" mit großer Schulterfreiheit.

Die Schulter wird permanent gewendet und mit dem äußeren Oberschenkel so fixiert, dass sie genau auf der Voltenlinie vorausgeht. Der ruhige gedrehte Sitz gibt Vertrauen, sodass die Übung jederzeit wiederholt oder abgeändert werden kann. Es wird immer in guter Balance geritten, damit alle vier Beine den Pferdekörper und das Reitergewicht im Schwerpunkt tragen können und so kein „Motorrad-Feeling" in der Wendung entsteht. Dies ist ausschlaggebend, damit sich das Pferd aus dem Sitzzentrum des Reiters heraus abwenden lässt. Wenn Reiter und Pferd die Übung als einfach empfinden, sind beide dem Ideal schon sehr nah!

Damit ist das Pferd bereit, sich aus dem Sitzzentrum des Reiters heraus abwenden zu lassen. Die Verbindung zum Pferdemaul ist elastisch und ohne Festigkeit. Bei guter Losgelassenheit fühlt der Reiter die gleichmäßige Anlehnung in der Hand, dabei schwingt das Pferd in die Hand hinein, ohne mit der Hinterhand auszuweichen. Die Brückenfunktion ist gegeben. Der Hals wird in gleicher Weise entsprechend der Biegung des Körpers gebogen, niemals mehr!

Der Reiter reitet taktmäßig und hat jeden fleißigen Schritt, Tritt oder Sprung unter Kontrolle, ohne

Die Volte ist Grundlage für alle Seitengänge.

dass das Pferd eilig wird. Wird die Volte korrekt ausgeführt, geht das Pferd geschmeidig durch die Wendung, ohne dabei Schwung zu verlieren. Der Mensch wird in der Bewegung mitgenommen und rahmt mit ruhigem Schenkel den Pferdekörper ein.

Trainingserfolg
Die Voltenarbeit ist eine Vorbereitung für die Seitengänge. Die Verstärkung der Längsbiegung ist positiv für:
- das Nachgeben am inneren Zügel,
- die Taktstabilisierung,
- die Losgelassenheit,
- die Elastizität der Gänge,
- das schwungvolle Geraderichten,
- die Verbesserung der Tragkraft.

Während dieser intensiv biegenden Arbeit verbessern sich das Schwingen des Rückens und die Kadenz in der Trabbewegung. Im Galopp wird die Bewegung erhabener, gesetzter und ausdrucksvoller. Die Galopparbeit in der Volte – sowohl im

> Basisarbeit

Auf einen qualifizierten Reitlehrer kann kein ambitionierter Reiter verzichten. Foto: Tierfotografie Huber

Gänge ist das Pferd optimal auf die Seitengänge vorbereitet.

Ein weiterer Nutzen, den jeder Reiter schon beim ersten Mal fühlt, zeigt sich, wenn Schwung in einer Volte abgefangen wird: Die Biegung auf kleinstem Raum wandelt den zuvor entwickelten Schwung in Kadenz um und der Reiter kann ohne am Zügel zu ziehen die Hinterhand aufnehmen und sie unter dem Sitz fühlen.

> Immer nur so viel zulegen, wie Sie auch sicher wieder abfangen und verarbeiten können.

Fehler und Lösungen

Wie bei allen Wendungen gibt es auch hier eine Vielzahl von Fehlerquellen. Lässt sich jeden Tag auch nur eine davon in den Griff bekommen, rückt das richtige Reitgefühl schnell in greifbare Nähe.

Hand- wie im Außengalopp – ist eine entscheidende Trainingshilfe, um die Tragkraft zu stärken und die Geraderichtung zu verbessern.

> Für eine bessere Selbstüberprüfung bietet es sich an, sich filmen zu lassen und Unterricht bei einem qualifizierten Reitlehrer zu nehmen.

Der Fleiß in der Bewegung muss vor der Volte hergestellt werden. Nur dann bleibt das Pferd während der Volte vor dem Sitz des Reiters.

- Das Pferd verliert die Balance: Weniger einseitige Handeinwirkung, gerade in Balance sitzen, nach vorn treiben, gleichmäßiger mit beiden Schenkeln die Hinterbeine auf der Voltenlinie halten.
- Die Volte wird nicht rund: Überprüfen, ob das Pferd gerade gerichtet ist, zurück zur Zirkelarbeit und an der Längsbiegung arbeiten!

Mit der Verlagerung des Schwerpunkts, der verbesserten Elastizität in den Bewegungen und der

- Die Hinterhand fällt aus: Längsbiegung kontrollieren, mehr äußerer Schenkel und Zügel.
- Unregelmäßiger Takt: Nachgiebiger in der Hand, ganze Bahn gehen und zurück zu den Schlangenlinien sowie zur Zirkelarbeit.
- Das Pferd eilt: Ursache: Das Pferd ist zu stark auf der Vorhand. Überprüfen: Kann das Pferd eine Ecke im Takt, ohne auf die Hand zu kommen, durchlaufen? Zurück zur Zirkelarbeit.

Variationen
- Volten in den Ecken, auf der ganzen sowie halben Bahn mit Anlehnung an der Bande reiten.
- Volten auf der Mittellinie in allen drei Grundgangarten, Volten am Punkt A und C, ohne Anlehnung an die Bande.
- Volte – einfache oder doppelte Schlangenlinie – Volte. Volten mit anderen Formen der Schlangenlinien (vier, fünf, sechs Bögen) kombinieren:

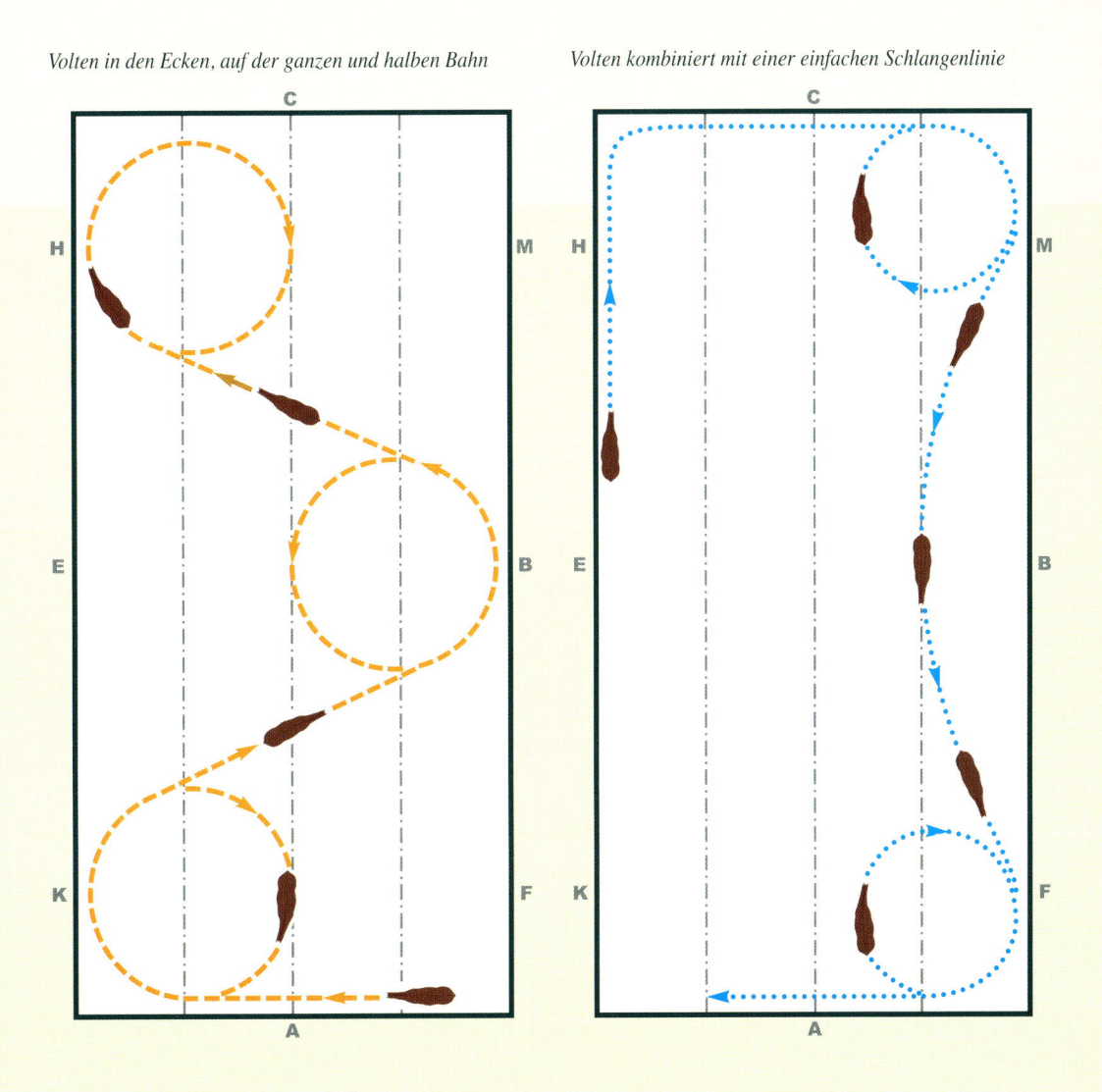

Volten in den Ecken, auf der ganzen und halben Bahn

Volten kombiniert mit einer einfachen Schlangenlinie

Basisarbeit

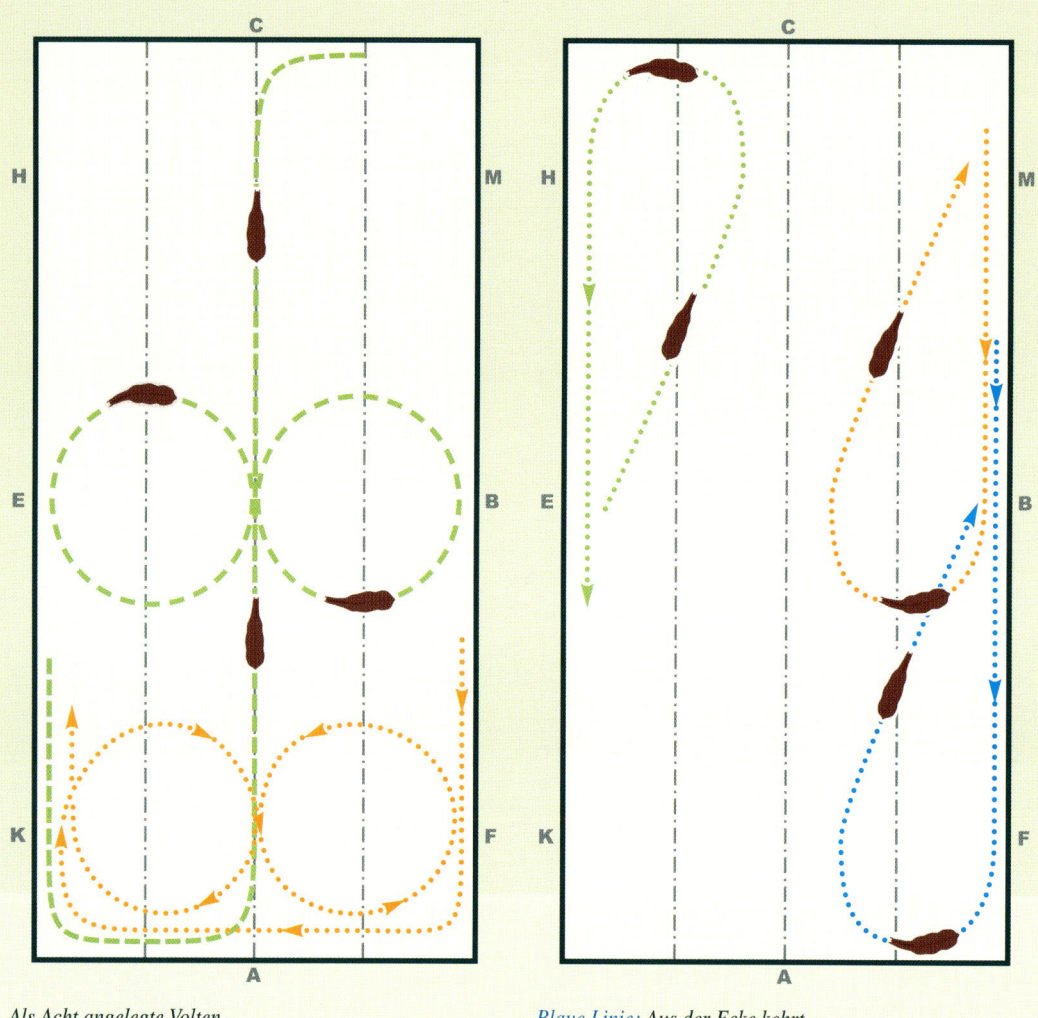

Als Acht angelegte Volten
<u>Grüne Linie:</u> *auf der Mittellinie*
<u>Orangefarbene Linie:</u> *auf dem Hufschlag*

<u>Blaue Linie:</u> *Aus der Ecke kehrt*
<u>Grüne Linie:</u> *In die Ecke kehrt*
<u>Orangefarbene Linie:</u> *Kehrtvolte*

deutliche Biegearbeit auf beiden Händen in einer Hufschlagfigur.
- Als Acht angelegte 10-Meter-Volten an der kurzen Seite oder bei X, auf der Mittellinie oder auf der halben Bahn verbessern das Umstellen und helfen dabei, das Genick zu lockern.
- Volte mit Kehrtvolte – aus der Ecke – in die Ecke, verbessert die Aufmerksamkeit des Pferdes.
- Im Zirkel zwei oder vier Volten an den Zirkelpunkten einbauen: vermehrte Biegung auf kleinen und großen Kreisen.
- Zirkel in Spiralform verkleinern bis hin zur Volte – zum Schritt durchparieren oder schultervorartig herausreiten und dabei zulegen: Biegung und beginnende Tragkraft im Wechsel mit lösendem Vorwärts.

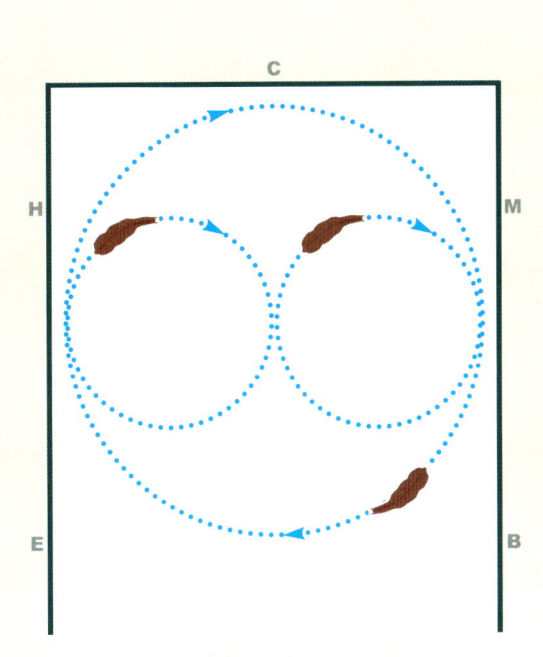

Volten in den Zirkel integrieren

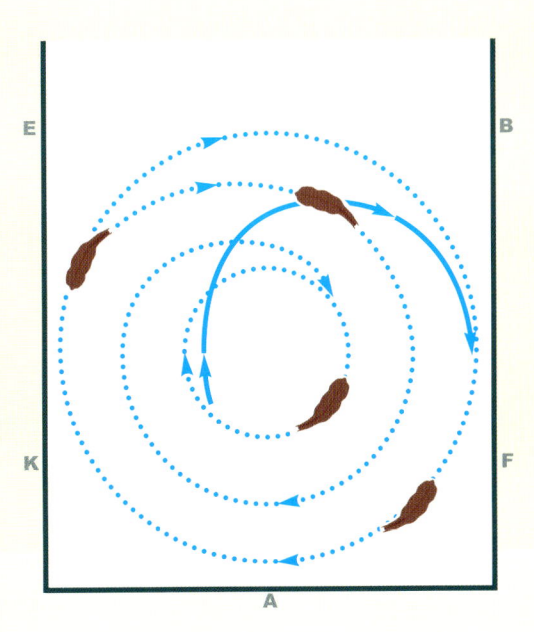

Zirkel verkleinern bis hin zur Volte

Die gymnastische Wirkung der Volte zur Überprüfung der gleichmäßigen Längsbiegung und zur Verbesserung der Geschmeidigkeit nutzen.

Mein Rat zum Erfolg

Sollten Sie der Meinung sein, die Volte ist ein lästiges Übel, ist dies nicht das passende Buch für Sie. In diesem Fall kann ich Ihnen nur empfehlen, sich für eine andere Lektüre zum Thema „Richtiges Dressurreiten" zu entscheiden. In meinem Trainingsplan ist das Reiten von Volten eine der zentralen Übungen für das reiterliche Weiterkommen. Es ist wichtig, Volten zur Vervollkommnung der Längsbiegung und Tragkraft zu trainieren. Alle daraus zu entwickelnden schwierigeren Übungen ergeben sich in natürlicher Folge. Meine Devise lautet: Immer wieder vom Leichteren zum Schweren! Augen schließen und fühlen! Haben Sie die vorangegangenen Kapitel umgesetzt und die Voltenarbeit in Ihr Training eingebaut, dann haben Sie ehrlich geübt und werden Ihren Erfolg genießen können. Überprüfen Sie unbedingt alle Übungspunkte täglich aufs Neue; das ist wie Vokabeln lernen oder den richtigen Fingersatz beim Klavierspielen üben. Die Geschicklichkeit und der Erfolg beim Reiten von kleineren Volten mit der verlangten Leichtigkeit und der Verbesserung der Tragkraft zeigen Ihnen deutlich, ob Sie auf dem richtigen Weg sind und es wirklich losgehen kann mit den schwierigeren Lektionen.

→ Basisarbeit

Zügel-aus-der-Hand-kauen-Lassen ist eine Lektion, die verdeutlicht, ob der Reiter das Pferd sicher an den Sitzhilfen hat. Die Unterschenkel sollten mehr am Gurt liegen.

Zügel aus der Hand kauen lassen

Beim Zügel-aus-der-Hand-kauen-Lassen dehnt sich das Pferd bei gleich bleibender Balance Stück für Stück an die Reiterhand heran, egal, in welcher Gangart gerade geritten wird. Diese Übung ist glücklicherweise auch heute noch in den Aufgabenbüchern zu finden. Sie ist hervorragend dazu geeignet, jederzeit – sowohl während des täglichen Trainings als auch den Ausbildungsstand des Pferdes betreffend – die Losgelassenheit und den Takt zu überprüfen und dem Pferd Entspannung zu gönnen.

Auch im fortgeschrittenen Leistungsstadium hat diese Lektion ihre Bedeutung. Jeder Reiter, egal ob Anfänger oder Profi, sollte sein Pferd in der Losgelassenheit – durch Zügel-aus-der-Hand-kauen-Lassen – oder in der Selbsthaltung – durch Überstreichen – überprüfen. Zu jedem Zeitpunkt der Lektionen sollte es möglich sein, die Zügel aus der Hand kauen zu lassen: Sofort nach dem Galopp-Schritt-Übergang und auch während einer Pirouette. Dann ist es dem Reiter gelungen, das Pferd am Sitz zu reiten, und die Hand wird nahezu überflüssig. Wichtig ist, dass die Hinterhandaktivität erhalten und das Pferd geschlossen bleibt, egal, ob es am langen oder kurzen Zügel geritten wird.

Voraussetzung

Das Pferd hat die Gewöhnungsphase durchlaufen und steht an den Hilfen des Reiters. Es hat seinen Takt und Rhythmus gefunden und zeigt beginnende Losgelassenheit mit richtiger Hinterbeinfußung, daher kann es sein Gleichgewicht auch ohne Anlehnung an den Zügel halten.

Lektionsbeschreibung

Das Zügel-aus-der-Hand-kauen-Lassen kann in allen drei Grundgangarten geritten werden. Um es vorzubereiten, überprüft der Reiter seinen Sitz und mit einer halben Parade die Balance zwischen Vor- und Hinterhand, dann geht er mit der Hand leicht vor und schließt sie gleich wieder. Der Zügel wird stückweise unter Wahrung der Anlehnung herausgekaut. Wichtig ist, dass stetig mit flach am Pferdebauch anliegender Wade nachgetrieben wird. Dabei hilft die Vorstellung, dass das Pferd den Schenkel an seinen Bauch heran „saugt". Das gleichmäßige Nachtreiben an die Hand bei gedehntem Hals und entspanntem Rücken gibt dem Pferd das nötige Vertrauen, weiterhin mit guter Körperspannung zu arbeiten. Das langsame Verlängern in stabiler, aber nicht fester Verbindung geht bis zum langen Zügel. Dem Reiter ist es so jederzeit möglich, die Zügel wieder gleichmäßig aufzunehmen und dabei im selben Tempo und Takt weiterzureiten.

Der Reiter sollte aus dem passiven Sitz heraus die Oberbauchmuskeln leicht anspannen, hilfreich ist hier die Vorstellung „Bauch vor". Er sitzt locker und aufrecht im Schwerpunkt und schwingt mit senkrechtem Becken passiv mit. Diese positive Spannung fördert auch die Schwingung des Pferderückens.

Höchstleistungen wie Athleten, ohne „sauer" zu werden. Ist das Pferd außerdem mental zufrieden, ist es aufnahmebereit und muskulär auf weiteres „Bodybuilding" vorbereitet.

> Ob der Zügel kurz oder lang ist – die Anlehnung zwischen vorfühlender Reiterhand und Pferdemaul bleibt an beiden Zügeln gleichmäßig elastisch und fein abgestimmt.

> Versuchen Sie, die erwünschte Körperspannung in der Dehnungshaltung selbst zu spüren! Stellen Sie sich in den Knie- und Ellbogenstand (Vierfüßlerstand) und fühlen Sie die positive Körperspannung, die hierdurch entsteht!

Trainingserfolg

Die Dehnungshaltung mit angepasster Körperspannung ist gleichzeitig Sinn und Erfolg dieser Übung. Der Reiter kann seinen von der Hand unabhängigen Sitz und das lockere Gehen des Pferdes überprüfen, indem er die Hand vorgibt. Ohne Schwierigkeiten kann er auch am langen Zügel aus dem gemeinsamen Schwerpunkt einwirken. Er fühlt die unter den Körper schwingenden Hinterbeine, den elastischen Rücken und den Takt des Pferdes.

Das Zügel-aus-der-Hand-kauen-Lassen kann mehrfach wiederholt werden, indem der Reiter mit passivem Sitz geschmeidig mitgeht und seine Einwirkung immer feiner dosiert. Der Gegenspieler des Rückens und Halses beim Pferd ist die Bauchmuskulatur, die bei leichter Anspannung den Rücken des Pferdes entlastet. Das Dehnen und Strecken des Pferdekörpers im Wechsel mit positiver Anspannung durch korrekt gerittene Übungsabläufe ist entscheidend für die gesunde dressurmäßige Ausbildung. Nur dann sind alle Muskeln und Gliedmaße optimal durchblutet und es gibt keine Übersäuerung (Muskelkater). Mit diesem Basistraining bringen die Pferde ohne Anstrengung

Fehler und Lösungen

Das Zügel-aus-der-Hand-kauen-Lassen gelingt nur, wenn Takt und Losgelassenheit gewährleistet sind. Daher hat der schlecht sitzende Reiter große Probleme, dieses Ziel zu erreichen. Folgende Fehler können auftreten:

- Zu hohe Hand, Pferd kommt hinter den Zügel oder liegt auf dem Zügel: Hand tief, ausatmen und deutlich nachtreiben.
- Zu starre Hand, Widerstand im Maul und Rücken des Pferdes: Arm locker, Hand fallen lassen, mit längerem Zügel starten.
- Zu schnelles Nachgeben, Verbindung zum Maul geht verloren, das Pferd entzieht sich den Hilfen: Immer elastische Zügelführung in Zusammenhang mit Nachtreiben halten. Elastisch sitzen!
- Anlehnung geht verloren: Auf gebogenen Linien arbeiten, immer dosiert und gleichmäßig nachtreiben, nur einige Zentimeter gewähren, dabei mit dem Vorwärtsreiten abwechseln.
- Einseitige Anlehnung/falsche Stellung: Mehr gebogene Linien, intensiv an der Geraderichtung arbeiten.

→ Basisarbeit

Nur aus dem geraden, korrekten Sitz versteht das Pferd die Hilfengebung.

- Der Pferderücken ist fest: Weniger nachtreiben, mehr Treiben heißt nicht zwingend mehr Erfolg! Halbe Paraden zur Einleitung.
- Mangelnde Hinterhandaktivität: Schenkel am Pferd und im Takt deutlich von hinten nachtreiben, nicht gegen den Rhythmus! Balance zwischen Vor- und Hinterhand halten.
- Schiefes Sitzen, das Pferd verliert seine Balance und „kippt" um: Sitzkorrektur im Schritt, vor dem Spiegel reiten und kritisch mit dem eigenen Sitz sein – sich vorstellen, dass der Sattelgurt sehr locker ist!
- Zu schweres Einsitzen, das Pferd rennt und drückt Rücken und Hals weg: Senkrecht sitzen, langsam mit der Hand vorgehen und ruhig weiterreiten, eventuell auch durchparieren. Mehrfach wiederholen, in kleinen Dosierungen fortsetzen.
- Das Pferd fällt aus: Schwung erhalten, frisch vorwärts, jedoch nicht forcieren, Trab-Galopp-Übergänge, den Schwerpunkt zwischen Hinterhand und Vorhand verbessern.

Variationen

Auf gebogenen und geraden Linien Zügel aus der Hand kauen lassen:

- Im Schritt: Dehnung, Anlehnung und gleichmäßiges Schreiten im Viertakt.
- Im Trab: Frisches Vorwärts, ohne zu eilen, Anlehnung und gestreckter Sitz mit lockerem Rücken, Schwerpunkt halten!
- Im Galopp: Geschmeidiges Mitgehen, gebogenes Pferd, gutes Bergaufreiten bei gedehntem Hals und Rücken, gerade sitzen, nicht nach vorn fallen!
- Über Cavaletti: Vermehrte Dehnung und Bauchmuskelarbeit des Pferdes, Nase in Bugspitzenhöhe.
- Galoppierstrecke: Im leichten Sitz das Pferd mit lockerem, aufgewölbtem Rücken, aktivem Hinterbein, ohne zu eilen, leichte Anlehnung in tiefer Einstellung, Maul in Bugspitzenhöhe.
- Bergauf reiten in allen Grundgangarten: Dehnung mit guter Anlehnung, gutes Rückentraining, schon zehn Minuten Bergaufreiten bringt einen großen Trainingsreiz, Bergabreiten nur im ruhigen Schritt.

Eine Strecke in frischem Galopp bringt lockernde Abwechslung ins Training.

Mein Rat zum Erfolg

Nur ein Reiter, der unabhängig sitzt und ganz losgelassen einwirkt, vermag es, ein Pferd zur optimalen Losgelassenheit zu bringen. Daher reiten die angehenden Bereiter an der Spanischen Hofreitschule in Wien für viele Jahre an der Longe! Auch beim Training zu Hause ist es hilfreich, sich hin und wieder an der Longe nur auf seinen Sitz zu konzentrieren, um die korrekte Einwirkung, Hilfengebung und damit die Verständigung zwischen Reiter und Pferd zu optimieren.

Reiter und Pferd sollen diese Übungen in allen drei Grundgangarten problemlos absolvieren, dann sind sie auf dem richtigen Ausbildungsweg. Das Zügel-aus-der-Hand–kauen-Lassen fördert ein zufriedenes, lockeres Pferd, das sich höheren Aufgaben stellen kann. Auch als Dehn- und Abspannübung zwischen den versammelnden Lektionen erweist sich das Zügel-aus-der-Hand-kauen-Lassen als äußerst nützlich; der Wechsel zwischen An- und Abspannen, sowohl geistig als auch körperlich, ist auch bei anderen Sportarten üblich und steigert deutlich die Leistungsfähigkeit, da die lockere Muskulatur immer optimal mit Sauerstoff versorgt ist. Die Sauerstoffzufuhr für die Muskeln ist ausschlaggebend für deren gesunden Aufbau. Auch jeder menschliche Sportler wärmt sich gründlich auf, egal ob Schwimmer, Skiläufer oder Sprinter. Warum sollte man dieses Wissen nicht auch täglich für sein Pferd nutzen? Sie sind der Trainer Ihres Pferdes! Halten Sie es gesund!

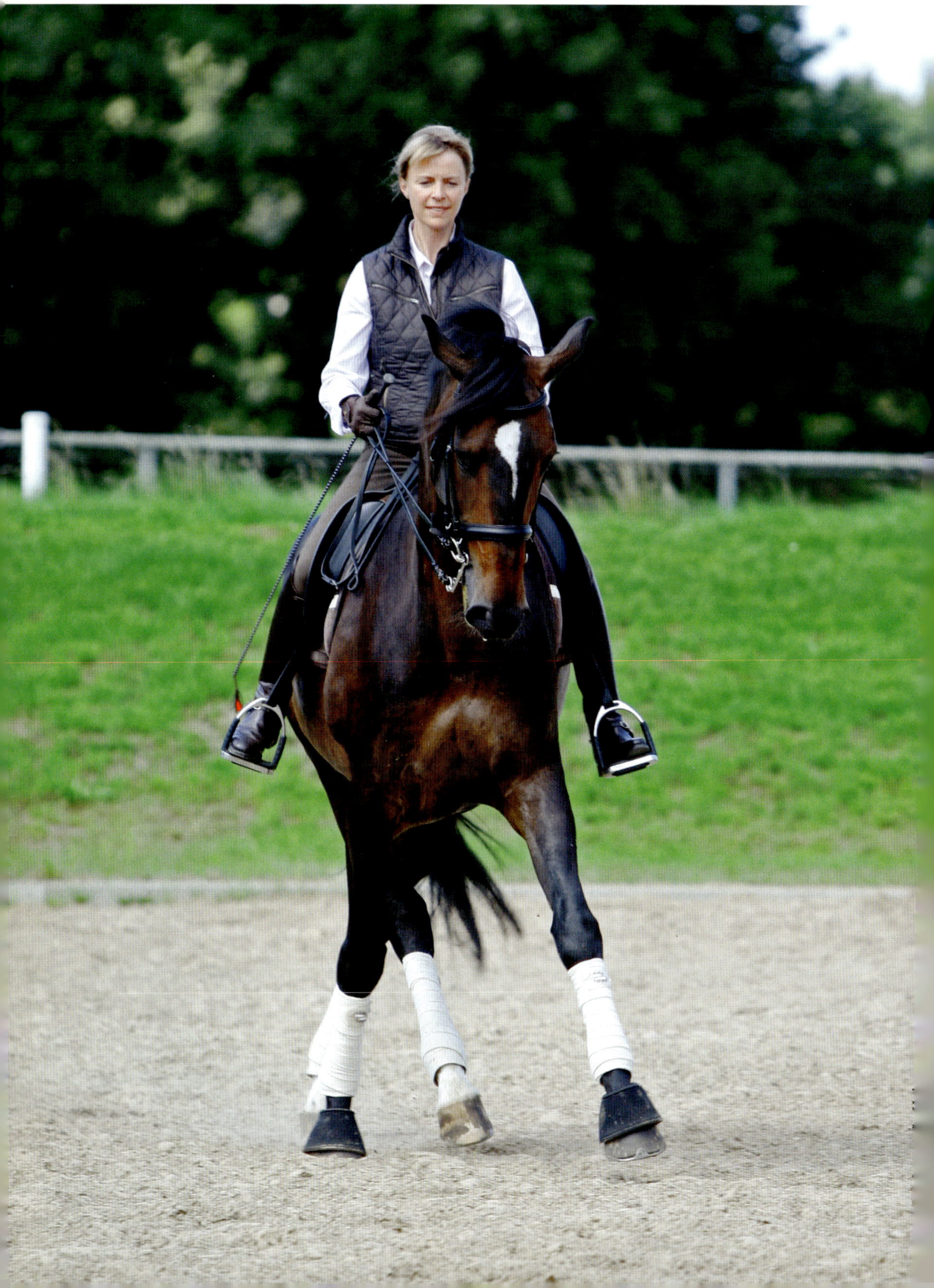

Hinführung zur richtigen Versammlung

Nach der Basisarbeit, in der wir das Pferd gelockert, balanciert und sensibilisiert haben, beginnen wir nun mit der vermehrten Arbeit an der Hinterhand des Pferdes. Die viel stärkere Hinterhand soll vermehrt Last aufnehmen, um die schwächere Vorhand zu entlasten und damit das Pferd zu schonen.

Mit aktivem Hinterbein in die Versammlung

Die hauptsächliche Kraftarbeit übernimmt die Hinterhand des Pferdes. Sie ist der „Motor" und zuständig für Antrieb und Tragkraft. Die Hanken sind für die Lastaufnahme und das Abdrücken der Hinterfüße nötig. Die Hinterbeine sollen fleißig abfußen und „tanzend" den Impuls von hinten nach vorn übertragen.

Übergänge von unten nach oben: Antraben und Angaloppieren

Diese recht einfach erscheinende Lektion birgt viele Reichtümer in sich. So geht es darum, mit wenig Kraft den gesamten Pferdekörper geschmeidig und selbsttätig zu erhalten. Das ist durch das Reiten von Übergängen von einer niedrigeren Gangart in eine höhere möglich. Es ist quasi ein Fitnessprogramm, das auf einfache Art durchgeführt wird.

Die Hinterhand ist der „Motor" des Pferdes, sie ist stets aktiv zu halten und zu motivieren. Foto: Tierfotografie Huber

Voraussetzung

Für das korrekte Reiten von Übergängen ist die Rückentätigkeit des Pferdes unersetzlich. Je gelöster der Rücken des Pferdes ist, desto direkter kommen die Hilfen des Reiters durch. Der Reiter wiederum benötigt einen geschmeidigen, balancierten Sitz, um das Pferd nicht zu stören.

Ein spannender „Fall" war ein 13-jähriger Rappwallach, der weit ausgebildet zu mir kam. Es war zu Anfang kaum möglich, dieses Pferd mit normalen Hilfen anzureiten. Alle Arten von treibenden Hilfen brachten keinen Erfolg. Jeden Tag aufs Neue war es ein Kraftakt, der uns beiden keinen Spaß machte! Die Arbeit war nicht nur für mich anstrengend, sondern ließ auch den Wallach schnell ermüden. Es galt umzudenken und die Sporen abzunehmen! Von da an begann für das zuvor „ausgebildete" M/S-Pferd eine neue Zeit, denn es konnte auf kein altbekanntes Verhaltensmuster zurückgreifen. Mein Ziel war, ihn mit wenig Einwirkung zu erreichen und – siehe da: Zügig verstand der Wallach, dass er seine Hinterbeine zuerst benutzen muss und dann mit Schub antraben und angaloppieren kann. Er hatte neu laufen gelernt. Der gesamte Pferdekörper dankt bis heute diese Arbeit und zeigt sich in ganz neuem „Outfit". Nicht nur die Oberlinie ist schöner geworden, sondern besonders seine Motivation ist ihm anzusehen. Er strahlt heute eine zufriedene Lässigkeit aus, mit der er nun alle Lektionen bis zur Piaffe und Pirouette mit Leichtigkeit und Freude absolviert.

Lektionsbeschreibung

Der Reiter muss sich auf die höhere Gangart vorbereiten und den neuen Rhythmus schon im Kopf haben: Viertakt zum Schrittreiten, Zweitakt zum Antraben und Dreierrhythmus zum Angaloppieren. Wichtig ist dabei, dass das Pferd gerade gerichtet bleibt, indem die Vorhand auf die Hinterhand eingestellt wird. Beim Anreiten beziehungsweise vor dem Wechsel in die höhere Gangart wird das Pferd kurz in alle Hilfen eingeschlossen und in eine positive Grundspannung gebracht. Dazu setzt sich der Reiter bewusst gestreckt hin und atmet tief ein, während er mit den am Gurt liegenden Schenkeln den Impuls für den neuen Rhythmus gibt. Diese Signale dienen dazu, die Hinterbeine mit nach vorn zu nehmen und gleichsam den „Motor" des Pferdes zu starten. Gedanklich sollten diese zuerst angeritten werden und einen Augenblick danach die Vorhand. Um anzureiten, wirken die dosiert eingesetzten Schenkel vorbereitend am Gurt ein und im richtigen Moment nach vorn. Die so beschleunigten Hinterbeine treten unter, das Pferd wird nicht schneller und bleibt während des Anreitens im Körper geschlossen. Es schließt sich an die Hilfen des Reiters heran und wird kürzer im Mittelstück.

Vor dem Angaloppieren wird das Pferd durch eine halbe Parade aufmerksam gemacht. Es nimmt Last auf dem inneren Hinterbein auf und wird dabei am Gebiss leicht. Das ist der richtige Moment, um anzugaloppieren! Der ganze Pferdekörper arbeitet, wenn der Reiter den Impuls gibt, indem er das aktive Hinterbein durch den gelösten Rücken bis an die Reiterhand herantreibt. Die Bauchmuskulatur, das Hinterbein und der selbst getragene Hals des Pferdes werden durch Wiederholungen gestärkt. Wir formen das Pferd und machen es zu

Ohne Druck zum Erfolg: Aus dem widersetzlichen Wallach ist ein imposantes Dressurpferd geworden. Foto: Blacky

einem „Kunstwerk", das heißt, an den richtigen Stellen des Pferdekörpers bildet sich die tragende Muskulatur. Während die Hinterhand aktiviert wird, fühlt der Reiter eine Bergaufbewegung, die durch den gesamten Pferdekörper geht und sehr gut sitzen lässt.

Hinführung zur richtigen Versammlung

Das Pferd nimmt den Reiter in der Bewegung mit und schließt sich an den Reiterschenkel heran. Es bleibt vor dem Sitz. Der Übergang in die höhere Gangart fällt leicht und macht ihm keine Mühe. Ein korrekter Übergang ist daran zu erkennen, dass er absolut leise ist. Er kann überall und in allen Gangarten in der Bahn ausgeführt werden.

Trainingserfolg

Vor dem Anreiten und vor dem Wechsel in die höhere Gangart steht das Pferd innerlich in den „Startlöchern". Wichtig: Die Energie muss im Pferd bleiben! Es folgt dem Reiter und seinen Hilfen willig und ist leichttrittig. Bei gelöstem Rücken wird das Pferd reellen Schub aus der Hinterhand und der Beugung der Hanken entwickeln, somit weit unter den Schwerpunkt treten und sich dabei in der Schulter aufrichten. Der erste Schritt, Tritt oder Sprung ist klar erkennbar und wird in guter Bergauftendenz mit angespannter Bauchmuskulatur des Pferdes ausgeführt. Das Pferd schließt sich von hinten nach vorn heran und baut eine positive Grundspannung auf. Das heißt, der Rücken wölbt sich vermehrt und die Hinterbeine fußen unter den Reitersitz. Dadurch erhöht sich die Sensibilität des jetzt kürzeren, positiv gespannten Pferdes, das mit aktiver Hinterhand und deutlich verbesserter Schubkraft die Übergänge korrekt ausführt.

Die Übergänge sind ein tägliches Muss in allen Disziplinen und verbessern die Gymnastizierung des gesamten Pferdekörpers sowie seine Durchlässigkeit.

Ein wunderbar bergauf galoppierendes Pferd: erhaben und mit Schulterfreiheit.

Fehler und Lösungen

- Widerstand beim Antreten oder beim Übergang in die höhere Gangart: Schenkellage überprüfen, eventuell das Pferd vor dem Anreiten einmal sensibilisieren, Konzentration verlangen, „wach machen", indem der Schenkel einmal energisch kurz hinter dem Gurt anklopfen darf. Bei einer Reaktion des Pferdes nach vorn: Belohnen und mit normaler Dosierung weiterreiten.
- Das Pferd reißt den Kopf hoch: Das Pferd nicht mit den Hilfen überfallen, deutlich weniger treiben, die Hinterbeine einzeln vorbereiten und einzeln nachtreiben, locker sitzen, Hand vorn tragen, von hinten nach vorn anreiten.
- Die Hinterhand des Pferdes weicht aus: Beidseitig gleichmäßiger treiben, gerade richten und vorerst auf dem Hufschlag in die höhere Gangart wechseln. Bei Schenkelgehorsam dann auch auf freien und gebogenen Linien.
- Schleppende Reaktion des Pferdes: Mental mehr vorbereiten, den eigenen Sitz überprüfen und Körperspannung verbessern, aus dem kleinen Schenkelweichen (30 Grad Abstellung) den Übergang reiten

Das Pferd macht genau die Fehler, die der Reiter auslöst.

Variationen

- Auf der Geraden: An der Bande/auf der Fünfmeterlinie/halbe Bahn/Mittellinie/Diagonale
- Auf gebogenen Linien: Zirkellinie/Schlangenlinie
- Angaloppieren aus dem Schritt (siehe einfacher Galoppwechsel)
- Antraben/Angaloppieren aus dem Halten: Auf jeder Hand täglich 10- bis 15-mal üben, auf der schwierigeren dreimal häufiger!

Mein Rat zum Erfolg

Ich habe festgestellt, dass es sehr wichtig ist, jeden Tag neu motiviert an die Arbeit zu gehen und „Kleinigkeiten" genau zu reiten. Das tägliche Üben der Übergänge gibt die nötige Sicherheit, dass das Pferd meinen vortreibenden Hilfen ohne Diskussion Folge leistet. Der Reiter sollte hier ohne Sporen auskommen und dem Pferd die Einwirkung der vortreibenden Hilfen verdeutlichen, ohne Streit zu provozieren. Es kommt auf das richtig dosierte, sensible Treiben an, das heißt, das Pferd wird im richtigen Moment und an der richtigen Stelle mit der Wade aktiviert. So beuge ich unnötiger Energieverschwendung vor und habe stattdessen viel Zeit, mich auf folgende, schwierigere Aufgaben zu konzentrieren.

Besser fünf gute Übergänge reiten als zehn, und davon nur fünf gute! Das Pferd lernt bei einer Erfolgsquote von 50 : 50 nichts! Weniger ist mehr. Genauigkeit ist gefragt, nicht stupides Wiederholen!

Übergänge von oben nach unten – Trainingsparade und Turnierparade

Eine immer wiederkehrende Übung ist die Parade. Wer sich Reiter nennt, wird fleißig daran arbeiten, der Perfektion, also dem „Einsammeln" der Hinterbeine bei gleichzeitiger Geschmeidigkeit des Pferdekörpers, näherzukommen. Die Belohnung ist für beide, wenn sich die Übergänge flüssig und leicht anfühlen. Zugleich nimmt die Belastung

→ Hinführung zur richtigen Versammlung

Die ganze Parade gelingt nur, wenn sie mit halben Paraden korrekt vorbereitet wird. Foto: Tierfotografie Huber

der Pferdeschulter ab, da die aktiven Hinterbeine unter den Schwerpunkt fußen. Wir unterscheiden die vorbereitende halbe Parade und die ganze Parade, die aus jeder Gangart stets zum Halten führt. Mehrere halbe Paraden bereiten jede neue Lektion und Aufgabenstellung vor, auch die ganze Parade. Das Pferd wird kurz in alle Hilfen eingeschlossen und mit dem treibenden Schenkel von hinten nach vorn an die Hand herangetrieben, bis es im Maul und Genick nachgibt („Sahnespritzen"-Vergleich). So wird der Schwung von hinten nach vorn und zurück durchgelassen. Dabei verbessern sich der Ausdruck, die Aufmerksamkeit und die Durchlässigkeit des Pferdes.

Zu meiner Zeit in Wien habe ich erst richtig begriffen, wie ein wirklich guter Übergang geritten wird und wie er sich anfühlen soll. Dabei hat mir ein siebenjähriger Lipizzaner mit einer sehr starken Hinterhand geholfen. Das immer fleißige, tanzende Hinterbein musste ich nur in meine gleichmäßig anstehende Hand hineinlaufen lassen und mit dem stillen, aufrechten Sitz abfangen. Sowohl das Aufnehmen wie auch das Gegensitzen und der daraus resultierende Übergang fühlten sich zu jedem Moment geschmeidig an. Der Wallach hatte äußerst gute Grundgangarten, aber einen langen Rücken, sodass es für ihn elementar wichtig war, dass ich ihn bei der täglichen Arbeit durch viele Übergänge an die Hand heranschloss.

Voraussetzung
Um mit den halben Paraden die beginnende Versammlung und die Geschmeidigkeit zu verbessern, braucht das Pferd Losgelassenheit, Takt und eine weiche, gleichmäßige Verbindung zur Reiterhand. Ein ganz besonderes Augenmerk habe ich immer auf das Geraderichten des Pferdes, denn je gerader das Pferd ist, desto effektiver werden bei guten Übergängen beide Hinterbeine und der gesamte Pferdekörper gleichmäßig gekräftigt.

Lektionsbeschreibung
Eine korrekte Parade im Sinne einer Turnierparade (auch „Schulparade" genannt) ist das Resultat der korrekt erarbeiteten Trainingsparade. Die Idealvorstellung der Schulparade sieht wie folgt aus: Der Reiter treibt das fleißig abfußende Hinterbein des Pferdes mit beidseitig flach am Bauch liegenden Waden gegen die aushaltende Hand, bis sich

Das Pferd wird nach der lösenden Arbeit mit der Hinterhand bei guter Anlehnung herangeschlossen. Der Rücken wölbt sich dabei auf.

die Hinterhand an die Reiterhand heranschließt. Zum Übergang werden die Waden leicht zurückgelegt. Das Pferd stößt sich an der Hand ab und gibt bei gleich bleibender Rahmenerweiterung im Genick nach – es kaut ab. Erst dann wird der Impuls aus der Hinterhand in Tragkraft umgewandelt.

Bei einer korrekten Trainingsparade in Balance zwischen Vor- und Hinterhand gewinnt das Pferd an Schulterfreiheit und es kann geschmeidig in die neue Gangart „hineinfließen". Jede von hinten erarbeitete Parade verbessert die positive Körperspannung (Bogenspannung) im Pferd. Zusammengefasst bedeutet das: Hinterbeine einsammeln, locker im Rücken bleiben, mitschwingen, balancieren, dezent einwirken und den gemeinsamen Schwerpunkt halten. Abgefangen wird der Schub durch Gegensitzen, sodass er sich zur langsam beginnenden Versammlung entwickelt.

Die Trainingsparade lässt dem Reiter mehr Zeit. Gemeinsam mit dem Pferd kann er das Zusammenspiel der Hilfen und ihre Wirkungsweise im Zeitlupentempo einüben und verstehen. Es ist in Ordnung, wenn zu Beginn der Übergang ein wenig auslaufend ist, also etwa fünf bis zehn Meter benötigt. Es kommt aber darauf an, dass das Pferd jederzeit in Balance ist, gerade gerichtet unter den Schwerpunkt fußt und die Last auf beiden Hinterbeinen aufnimmt. Takt und Rhythmus bleiben fleißig, während die Tritt- und Sprunglängen durch den Sitz verkürzt werden. Das Pferd beginnt zu „tanzen". Bis zum Moment des Gegen-die-Hand-Sitzens bleibt die Hand still am Platz. Sie wirkt aushaltend und kann sich in Ausnahmen bis zum Annehmen steigern, sollte dann aber schnellstmöglich vom Nachgeben abgelöst werden. Kein Annehmen ohne Nachgeben!

Das Gegensitzen während der verkürzten Tritte und Sprünge geschieht aus der Bauch- und Rückenmuskulatur des Reiters: Kreuz anspannen, Brust strecken! Dabei sitzt er mit getragenem Kopf aufrecht kurz gegen die Bewegung des Pferdes und bleibt geschmeidig in der Hüfte. Auf diese Weise fängt er den Schwung und Schub aus der Hinterhand ab. Nur die obere Bauchmuskulatur und der aufrechte Rücken des Reiters stoppen den Fluss kurzfristig. Schulterblätter zusammen!

Hinführung zur richtigen Versammlung

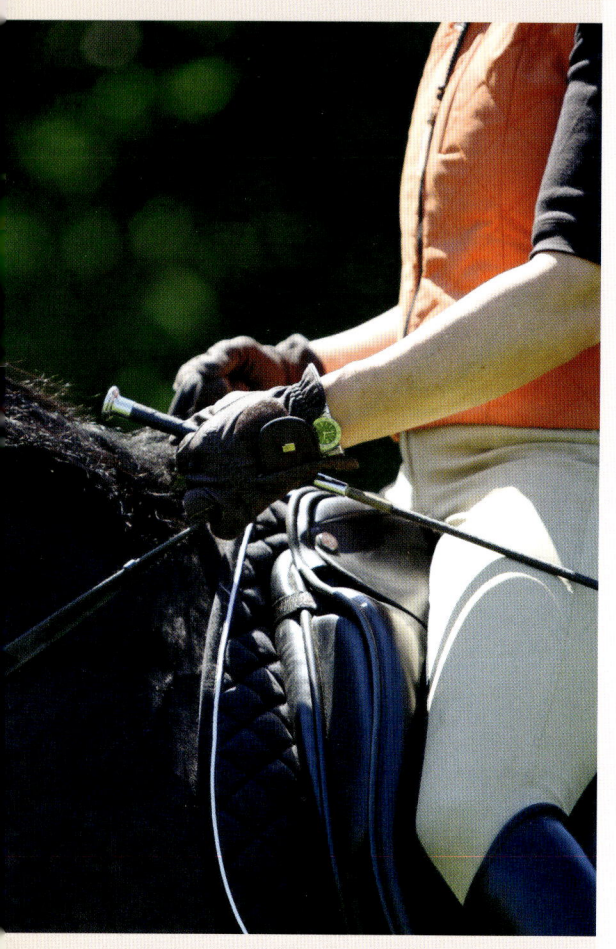

Steht das Pferd geschlossen, gibt die Reiterhand unmittelbar weich nach. Foto: Tierfotografie Huber

die Hinterhand heran und bleibt dort während des Haltens. Der Reiter mit seinem ausbalancierten Sitz, aufrechten, gestreckten Becken und Oberbauchmuskulatur fängt den Vorwärtsschub der Hinterbeine ab. Das Treiben gegen die aushaltende Zügelhilfe bleibt dabei bestehen. Steht das gerade gerichtete Pferd geschlossen, wird der Zügel sofort leicht getragen.

Wurde die Parade richtig vorbereitet und durchgeführt, ist es ausgesprochen leicht, wieder anzureiten. Große Krafteinwirkung der am Gurt liegenden Schenkel ist nicht erforderlich.

Während der ganzen Parade verliert das Pferd nie die positive Körperspannung. Ein Prüfstein ist, dass die Bewegungen vor der Parade weich und schwingend bleiben, sodass das Pferd ohne Stockungen und „Rumpler" durchpariert. Der Rahmen von Vorhand und Hals bleibt dabei immer gleich, die Hinterfüße werden dabei geschmeidig von hinten nach vorn an den Sitz geschoben.

Wichtig bei beiden Paraden ist das Treiben. Man sollte jedoch nicht „übertreiben", da zu viel Tempo fälschlich auf der Hand des Reiters landet. An die Hand herantreiben und somit in das Pferd hineintreiben, ohne dass es dadurch schneller wird! Es schließt sich von hinten heran, bis es nachgibt und sich am Gebiss abstößt. Bei der richtig gerittenen Parade findet der Reiter bei senkrechtem Becken einen noch tieferen Dreipunktsitz.

> **Beim Wechsel von einer Gangart in die nächstniedrigere sprechen wir von „einfachen Übergängen". Diese sollten auch einfach, also mit Leichtigkeit geritten werden.**

Die ganze Parade führt aus jeder Gangart zum Halten und wird mit vielen halben Paraden vorbereitet. Der flache Schenkel hinter dem Gurt schließt

> **Seien Sie sorgfältig und bemühen Sie sich täglich um das Erlernen der richtigen und angemessenen Hilfengebung für die Parade. Öfter mal ohne Sporen reiten und fühlen!**

Eine eindeutige Handparade: Das Pferd bremst auf der Vorhand, anstatt Last mit dem Hinterbein aufzunehmen.

Je gründlicher die Trainingsparaden eingeübt werden, desto schneller wird das Pferd die Versammlung begreifen und willig annehmen. Ergebnis dieser Bemühungen ist schließlich die korrekte Turnierparade, die auf einer kürzeren Distanz und jederzeit ausgeführt werden kann. Wird es versäumt, die Hilfengebung für Paraden korrekt einzuüben, kommt es oftmals zur Gewalt- und Handparade und das Pferd bremst auf der Vorhand. Sie wird von vielen Reitern fälschlich als Turnierparade angesehen.

Kein Zwang! Gymnastizierung des gesamten Pferdekörpers nach Absicherung der gemeinsamen Sprache. Dies hilft, Missverständnisse zu vermeiden!

Abzugrenzen ist die oben beschriebene korrekt gerittene Parade von der „Notfallparade", die jedem jungen Pferd durch einfache Hilfengebung sowie der Stimme vermittelt werden sollte. Diese dient der Sicherheit von Reiter und Pferd in bedrohlichen Situationen auf dem Reitplatz oder im Gelände, falls die schulmäßige Parade noch nicht „sitzt".

Die gut gerittene Parade lässt den Reiter „im" Pferd sitzen. Das geschmeidige Aufnehmen der Hinterfüße zieht den Reiter in den aufrechten, lockeren Sitz mit senkrechter Mittelpositur. Er ruht mit breiter lockerer Gesäßmuskulatur „im" Pferd und nicht obendrauf, wie eine Wäscheklammer. Das schwingende, fleißige Hinterbein unter dem Sitz ist genauso zu fühlen wie die aufgerichtete Vorhand: das Heben der Schulter und der entgegenkommende Widerrist. Dem Betrachter zeigt sich nun die Bergauftendenz des Pferdekörpers. Gleichzeitig wird so die Schulterfreiheit verbessert und mehr Gangentwicklung, also Kadenz, erreicht.

Beim Nachtreiben und Warten auf die Hinterhand fühlt es sich an, als hätte man einen Stuhl hinter sich, auf dem man sich niederlassen möchte. Der Stuhl folgt immer und wird stückweise durch Nachtreiben des Schenkels untergeschoben.

Hinführung zur richtigen Versammlung

Das Pferd beginnt, seine Hanken vermehrt zu beugen und in Selbsthaltung zu gehen. Foto: Tierfotografie Huber

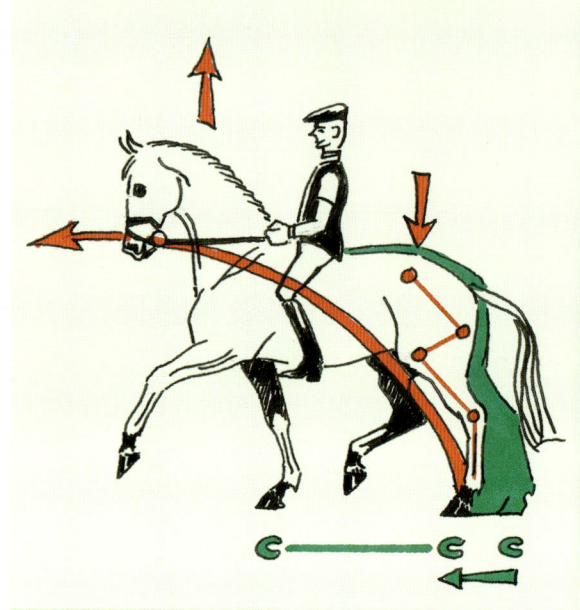

Die Zeichnung zeigt, wie sich der Rahmen des Pferdes korrekt in der Versammlung verkürzt. Die Hanken sind deutlich gebeugt. Zeichnung: Philippe Karl

Gefühl für die Hinterhand entwickeln. Beim täglichen Training gelegentlich die Augen schließen! Fühlen! Ohne Bügel reiten!

Trainingserfolg

Mit der wichtigen Gymnastikübung „Übergänge" verbessert sich die Hinterhandarbeit deutlich: Die Hinterbeine bewegen sich unter den Schwerpunkt und die Hanken werden vermehrt gebeugt. Der Pferdekörper verkürzt sich optisch und sieht deutlich geschlossener aus. Das Pferd geht in relativer Aufrichtung, was nichts anderes heißt, als dass es in Relation zur geschmeidigen Hankenbiegung seine Vorhand aufrichtet. Es trägt seinen Hals und Kopf vermehrt allein. Dabei behält es eine gleichmäßig leichte Anlehnung, mit der die positive Spannung im Pferdekörper bewahrt wird. Mit aktivem Hinterbein läuft es scheinbar in den Sitz des Reiters hinein, ohne dass dieser Kraft aufwenden muss. Nur denken, nicht schwitzen!

Der gelöste Rücken des Pferdes wird bei angespannter Bauchmuskulatur vermehrt aufgewölbt. Gleichzeitig benutzt und kräftigt es bei der richtig gerittenen Parade durch mehrfache Wiederholung der Übung seine Bauch- und Rückenmuskulatur im Wechsel. Ein Hauptthema des Dressurreitens, die Durchlässigkeit und Geschmeidigkeit, wird so von Beginn durch gezielte Übergänge sorgfältig trainiert. Der Erfolg liegt in der Zeitersparnis und der lang anhaltenden Gesundheit des Pferdes.

Ohne halbe Paraden kein „strahlendes" Pferd!

Kein gelungener Übergang, das Pferd pariert auf der Vorhand ohne aktive Hinterhand.

Fehler und Lösungen

- Pferd stockt, kommt auf die Vorhand, das Hinterbein schleppt: Aufrechter und balancierter sitzen, mit der Hüfte geschmeidig mitgehen, in kurzen Reprisen Trab-Galopp-Übergänge reiten.
- Pferd tritt nicht gerade, weicht seitlich immer aus, schwankt: Gerade richten, die Vorhand auf die Hinterhand einstellen, immer schultervorartig reiten und parieren, dabei an der Wand reiten, bis Reiter und Pferd die Übung verstanden haben.
- Kein Rhythmus im Übergang: Gleichmäßiger auf längerem Weg die Tritte und Sprünge verkürzen. Daraus durchparieren und gleich danach weiterreiten. Vorausdenken und auf den neuen Rhythmus eingestellt sein.
- Pferd geht gegen den Zügel, pariert nicht durch: In der Biegung auf dem Zirkel mehr nachtreiben, den Sitz einsetzen und weniger Hand.
- Pferd drückt den Rücken weg: Zu viel Kreuz und Gewicht (Achtung: Überlastung und Verschleiß der Sprunggelenke!). Senkrecht sitzen! Leichte Tempounterschiede reiten, dabei vermehrt nachtreiben und die Hinterfüße durch vermehrtes, aber dosiertes Nachtreiben „tanzen" lassen.

Variationen

Übergänge sind auch in der weiteren Ausbildung des Pferdes von zentraler Bedeutung und tauchen in unterschiedlichsten Variationen auf. So etwa „starker Galopp – Aufnehmen – fliegender Wechsel oder Piaffe – Passage – Galopp".

- Übergänge in der Biegung: Zirkel/Schlangenlinie/Schulterherein/nach der Volte/in der Volte – Mittelzirkel mit Übergängen: Auf gebogener Linie angaloppieren oder antraben schließt das Pferd einfacher, da es sich in starker Längsbiegung befindet. Der Reiter hat es leichter, das innere Hinterbein zu erfühlen. Er kann so mit wenig Kraft beim Vorschwingen des inneren Hinterbeins einen Impuls zum Angaloppieren geben. Um anzutraben, muss der Reiter das Pferd vor dem Sitz haben und dann mit beiden Schenkeln das Signal geben.

- Übergänge auf der Geraden: an der Bande/auf der Fünfmeterlinie/halbe Bahn/Mittellinie/Diagonale.
- Übergänge beim Handwechsel: Aus dem Zirkel wechseln über Trab/Schritt, Schlangenlinie durch die Bahn, Trab – Schritt – Trab, Galopp – Schritt – Galopp. Wie oben beschrieben, muss der Reiter für eine korrekte Parade nun seinen Sitz wenden und dabei das Pferd vor dem Sitz halten. Der Vorwärtsimpuls bleibt auch während der Parade erhalten. Der Reiter muss diesen Übergang nur gut vorbereiten, also die Tritte und Sprünge verkürzen, eine Trainingsparade geben, eine Pferdelänge geradeaus reiten und dabei umsitzen. Nach der balancierten Parade kann er leicht erneut antraben oder angaloppieren. So gelingt auch der einfache Galoppwechsel.
- Halbe Paraden auf allen Linien, Galopp-Trab-Galopp-Übergänge: Zum Angaloppieren das Pferd gut in die Hilfen einschließen und in Spannung bringen, dann den Galoppimpuls mit dem inneren Schenkel auslösen. Dann den Galopp aufnehmen und auf die Hinterhand warten, ruhiger Sitz, kürzere Galoppsprünge reiten und im richtigen Moment mit Balance in den Trab wechseln. Sofort den neuen Rhythmus finden. Schritt-Trab-/Galopp-Schritt-Übergänge: Zuerst das Pferd am Schenkel sensibel halten, Schritt verkürzen, dann als Reiter strecken, einatmen und daraus antraben. Zurück zum Schritt wechseln durch Verkürzen der Trabbewegung bei gleichmäßig weitertreibendem Schenkel. Aus dem Sitz gegensitzen und in den Viertakt wechseln, dann passiv sitzen. Trab – Außengalopp – Trab – Handgalopp: Trab aufnehmen, die Tritte verkürzen, Galopphilfe zum Außengalopp, sehr gerade sitzen, die Balance halten, Galoppsprünge verkürzen und in den Trab übergehen, gleich weiterreiten im Zweitakt, umsitzen, Takt verkürzen bei fleißigem Hinterbein, erneut die Galopphilfe mit dem inneren Schenkel auslösen.
- Tempowechsel auf geraden und gebogenen Linien: Das Pferd verlängert oder verkürzt seine Schritte, Tritte und Sprünge, bleibt aber innerhalb einer Gangart. Vor dem Zulegen durch halbe Parade vorbereiten und die Hinterbeine heranschließen. Die Verstärkung im Vorwärts-Aufwärts entwickeln, rechtzeitig aufhören zu treiben und an Wade und Sitz die Spannung halten. Zum Zurückführen des Tempos die Hinterfüße nachtreiben und mit dem aufrechten Sitz das Pferd in der Trittlänge verkürzen. Der Rahmen des Halses verengt sich dabei nicht. Gleich nach dem Aufnehmen weiterreiten!
- Ganze Paraden aus Schritt, Trab und Galopp: Aus allen Gangarten zum Halten kommen, mit dem Ziel, auf der Mittellinie durchzuparieren. Die treibenden Hilfen bleiben bestehen, bei gleichzeitigem Verkürzen der Gangart; vermehrte Versammlung je nach Ausbildungsstand. Nichts erzwingen!

Variationen für Fortgeschrittene

Jede einzelne Variation hat einen Schwerpunkt, der gezieltes Training ermöglicht:

- Auf der halben Bahnlinie aus der Galoppvolte zum Schritt durchparieren – Handwechsel – Galoppvolte. Verbesserung der Längsbiegung, Geschmeidigkeit und Durchlässigkeit auf beiden Händen erhalten.
- Während der Traversale zum Schritt übergehen und wieder antraben/angaloppieren, dabei kann in allen Gangarten gewechselt werden. Halbe

Paraden besonders dann, wenn das Pferd wegstürmt. Aufmerksamkeit erreichen.
- Im Schulterherein beginnen – starker Trab – daraus Halten oder weiter im Schulterherein reiten. Aufmerksamkeit auf die Reiterhilfen und Durchlässigkeit werden verbessert, indem das gerade Pferd in die Verstärkung geritten wird und sich daraus sofort wieder sammeln muss zur ganzen Parade. Weitere Möglichkeit: So reiten, dass der Schwung aus der Verstärkung ins Schulterherein und in die Tragkraft mitgenommen wird.
- Im Schulterherein mit Abstellung zum Schritt durchparieren: Das gerade gerichtete Pferd belastet beim Übergang das innere Hinterbein deutlich und kann so noch mehr bergauf geritten werden. Mit allen Hilfen gut einrahmen!
- Aus der Traversale in den Mitteltrab auf der Diagonalen oder parallel zur Bande und zurück: Sensibilität erhöhen. Mittelschritt – verkürzter Schritt – starker Schritt: weiche, fließende Übergänge, ruhig sitzen, Oberkörper aufrichten, beim Herauslassen des Starken Schrittes locker in der Mittelpositur mitgehen.

Mein Rat zum Erfolg

Immer wieder stelle ich fest, dass den Übergängen zu wenig Aufmerksamkeit gewidmet wird. Sie werden von vielen „Trainern" schlichtweg falsch erklärt. Diese sprechen von der reinen Handparade, die eine schmerzhafte verschleißende Folge für den Körper und das Maul des Pferdes hat. Oft werden sie als reine Gehorsamsübung absolviert und das Pferd nur erzogen („Das Pferd macht Sitz und Platz wie ein Hund"). Dies hat allerdings keinerlei Trainings-, sondern nur einen negativen Verschleißeffekt. Das bloße Agieren mit dem Zügel endet in Verspannungen des Rückens und der Hals drückt auf die Reiterhand. Bei richtiger Ausführung einer Parade ist jedoch der gesamte Pferdekörper involviert.

Sie bereitet die Versammlung optimal vor und verbessert die Tragkraft der Hinterhand, Rückentätigkeit und -wölbung sowie die Anlehnung und Maultätigkeit.

Ich vergleiche die körperliche Anstrengung dieser versammelnden Übung gern mit dem beim Turnen praktizierten Entengang. Probieren Sie es einmal selbst und hüpfen Sie in tiefer Hocke zehnmal nach vorn und halten dabei die sichere Balance! Sie werden merken: Je mehr Sie sich der idealen Ausführung einer Parade annähern, desto mehr vertraut das Pferd Ihnen und seinem Körper. Letztlich ist keinerlei Kraft und Zwang erforderlich. Reiten Sie viele einfache Übergänge!

> Wenn Sie Geduld haben und richtig durchparieren lernen, ist der Weg zur Piaffe nicht weit; der korrekt gerittene Trab-Schritt-Übergang ist die beste Vorbereitung für die Piaffearbeit.

Zulegen und Aufnehmen – Tempowechsel

Jeder Dressurreiter möchte mit seinem Pferd Verstärkungen zeigen, die hier gleichbedeutend mit „Gang" sind. Bewegungen, die das Pferd von Natur aus hat, zeigt es bei Belastung durch Sattel und Reiter erst dann, wenn die Balance zwischen Vor- und Hinterhand in „voller Blüte" und die Ausbildung des Pferdes weiter fortgeschritten ist. Ein vierjähriges Pferd hat von sich aus Gang und

Ein starker Trab mit schon aktivem Hinterbein. Foto: Tierfotografie Huber

schwungvolle Bewegungen, kann jedoch noch nicht die Balance mit einem Reiter auf dem Rücken halten. Es fällt auf die Vorhand und ist schwer aufzunehmen. Wenn die Trab- oder Galoppverstärkungen zu oft und zu lange in falscher Balance geritten werden, wird das Pferdeleben deutlich verkürzt: Der Tierarzt wird sehr häufig im Einsatz sein, um Vorhand- und Rückenprobleme zu mildern; lange Ausfallzeiten durch Überlastungserscheinungen stehen an. Die Leichtigkeit der Bewegung beim Zulegen geht mit zunehmend falschem Üben verloren. Die Pferde werden widersetzlich und der Reiter muss mit viel Kraft arbeiten.

Besonders erfrischende Übergänge konnte ich bei einem Gangwunder, nur 163 Zentimeter groß, genießen. Der kleine Fuchswallach hatte von Natur aus wunderbare Trabverstärkungen, die ohne viel Aufwand zu jeder Zeit geritten werden konnten. Bei ihm ist der wichtigste Trainingspunkt in den Verstärkungen, dass er seinen weichen und etwas tiefen Rücken locker aufwölbt und geschlossen bleibt. Ansonsten ist es dem Reiter beinahe nicht möglich, entspannt mit der Bewegung des starken Trabs mitzugehen. Nur das schultervorartige Reiten in der Vorbereitung zur Verstärkung hilft, ihn „kurz" genug im Rücken zu haben. Die Zurückführung ist mit leichter Hand möglich, weil er sehr gut den heranschließenden Schenkelhilfen folgt. Auch heute noch, mit inzwischen 19 Lebensjahren, ist er in Japan in der schweren Klasse im Einsatz.

Voraussetzung

Eine Grundvoraussetzung für richtig gerittene Tempowechsel ist die korrekte Ausführung der halben Parade. Zwischen Hinterhand und Vorhand besteht eine stabile und doch schwingende Verbindung. Das Pferd kann im Gleichgewicht in Selbsthaltung gehen. Der Rücken ist tätig.

Lektionsbeschreibung

Zur Vorbereitung der Verstärkungen wird das Pferd deutlich im Schultervor, siehe Seite 83, gerade gerichtet und durch eine halbe Parade eingerahmt. Der Reiter setzt mit den am Gurt liegenden vortreibenden Schenkeln einen Impuls, sodass das Pferd von hinten nach vorn an die Hand herantritt. Dabei baut sich eine positive Körperspannung auf. Das Pferd wird geschlossen in gleichmäßiger Anlehnung, mit schwingendem Rücken und weicher Hand in die Versammlung zurückgeführt.

Die Hinterbeine stoßen dabei nicht unter den Sitz, sondern das gerade gerichtete Pferd wird im Hinterbein geschmeidig und so aktiviert, dass es bei vergrößertem Raumgriff den Takt hält und gleichzeitig schwungvoll unter den Schwerpunkt fußt. Es zieht den Reiter in den tiefen Sitz hinein. Auch beim Zulegen bleibt das Pferd geschlossen, also unter Bogenspannung, und nimmt den Reiter in der Bewegung mit. Das Pferd fühlt sich in der Hand leicht an, weder beim Zulegen noch beim Aufnehmen wird es schwerer am Zügel. Der Reiter lässt die so entstandene Spannung des Tieres durch ein leichteres Tragen der Hände gleichmäßig heraus, ohne aber seine eigene angenehme Spannung in der Oberbauchmuskulatur aufzugeben.

Bei sinnvollem Einbau der Verstärkungen in eine Trainingseinheit, besonders gemeinsam mit der Arbeit an der Tragkraft, bleiben die Tempowechsel angenehm und schwingend. Das Verkürzen der Bewegungen aus dem Zulegen erfolgt federnd im Rhythmus des jeweiligen Taktes der Gangart. Dabei wird nun die aktive Hinterhand an den Sitz herangeschlossen. Vor, während und im Übergang wird gleichmäßig nachgetrieben. Der Reiter kommt im Schwerpunkt tief zum Sitzen und bleibt mit dem Pferd im Einklang der Bewegung, sodass ein harmonisches Gesamtbild entsteht.

Vorbereitend schultervorartiges Reiten nicht vergessen!

Bei sinnvollem Arbeiten in einer Trainingseinheit sind die Tempowechsel angenehm und schwingend zu reiten. Der Reiter behält ein gutes, tiefes Sitzgefühl, und es fällt ihm äußerst leicht, den eige-

Bei der Rückführung aus der Verstärkung wird das Hinterbein durch halbe Paraden aktiviert. Die Anlehnung bleibt weich. Foto: Tierfotografie Huber

Hinführung zur richtigen Versammlung

nen Sitzschwerpunkt zu halten, da der gesamte Bewegungsablauf geschmeidig und stets bergauf ist.

Trainingserfolg
Durch diese Übung wird das Pferd in der Schwungentfaltung, Kadenz sowie in der Aktivierung der gebeugten Hinterhand verbessert. Es lernt, sich durchlässig in die Versammlung zurückführen zu lassen. Es ist sinnvoll, zu Beginn nur kurze Strecken zuzulegen, damit es leicht bleibt, Schwung und Schub wieder in Tragkraft umzuwandeln. Die Durchlässigkeit wird beim Zulegen und Abfangen gefestigt, die Frische wird mit in die Versammlung genommen. Das Pferd bewegt sich sehr elastisch und bleibt freudig im Training.

Fehler und Lösungen
- Das Pferd verlässt die Linie: Gerade richten und gerade sitzen, zulegen an der Bande, nur kurze Reprisen fordern.
- Die Balance zwischen Vor- und Hinterhand geht beim Zulegen/beim Aufnehmen verloren: Weniger und auf kürzeren Strecken verstärken, der Reiter hat zu viel oder im falschen Moment getrieben, Hilfen besser dosieren und koordinieren.
- Das Pferd geht gegen den Zügel: Der Reiter hat Spannung mit der Hand erzeugt, daher: weniger Hand, mehr treiben. Im Schultervor oder auf dem Zirkel zulegen.
- Das Pferd drückt den Rücken weg: Der Reiter wirkt mit zu viel Kreuz und Gewicht. Einfache Übergänge reiten, das Pferd geschlossen halten, mehr nachtreiben und mit dem Sitz abfangen. Dann wieder neu beginnen.
- Das Pferd verliert den Takt: Selbst im Takt bleiben und gut mitschwingen, rhythmisch treiben.

Variationen
- Gerade Linien: Diagonalen/ganze Bahn/Mittellinie/freie Linie.
- Gebogene Linien: halber und ganzer Zirkel/Mittelzirkel.
- Kombinationen mit anderen Hufschlagfiguren wie Aus der Ecke kehrt, dann im Außengalopp starker Galopp – im versammelten Tempo In die Ecke kehrt.
- Halten – Rückwärtsrichten – Mitteltrab.
- Von der Mitte der kurzen Seiten zum Wechselpunkt hin zulegen, ohne die Hand zu wechseln.
- Zirkel verkleinern und vergrößern: Versammlung und Biegung beim spiralförmigen Hineinreiten und beim schulterhereinartigen Vergrößern zulegen. Tritte und Sprünge vergrößern, dabei auf dem Hinterbein sitzen bleiben und die Kruppe tief halten.

Mein Rat zum Erfolg
Als Grundvoraussetzung für einen wirklich gymnastizierenden Effekt – und darum geht es letztlich – sehe ich es an, wenn
- die Hinterhand mit Schub und Hankenbeugung arbeitet,
- der lockere Rücken sich in positiver Spannung wölbt.
- die Schulterfreiheit deutlich zu sehen ist,
- Kopf und Hals frei in Selbsthaltung getragen werden.

Nur dann ist der gesamte Pferdekörper mit einbezogen und das Zusammenspiel aller Muskeln funktioniert und wird verbessert.
Unser Anspruch muss sein, dass sich das Pferd nahezu unhörbar in allen Gangarten in der Bahn bewegt. Es ist für mich eine große Freude, wenn ich in eine Reithalle komme und sich die Tiere leise wie Balletttänzer mit aktivem Hinterbein auf dem Boden bewegen. Leider ist viel häufiger zu beobachten, wie es zu einem Wettkampf mit dem Reiter kommt,

bei denen es rein um die technischen Fertigkeiten des Abfangens geht (Liegesitz, hohe Hand, Kandare zum Bremsen fest eingestellt). Meist wird die starke Vorhandbewegung nicht mit der schwächer fußenden Hinterhand abgestimmt. Der Rücken bekommt eine „Badewannenform" und das weiche Aufnehmen der Hinterfüße in der Hand ist nicht möglich. Sehr selten bekommt man Verstärkungen korrekt zu sehen, die wirklich von hinten nach vorn durch den Körper des Pferdes schwingen.

Nur wenn Sie darauf achten, beim Zulegen und Abfangen Ihren Schwerpunkt mit dem des Pferdes zusammenzuhalten, wird das Pferd nicht auf die Vorhand fallen. Verlangen Sie anfänglich kürzere Distanzen in weniger Verstärkung. Erarbeiten Sie sich im Zusammenspiel aller Hilfen vielmehr ein leises Aufnehmen mit vorsichtigen Händen ohne großen Aufwand und Ziehen. Diese Feinabstimmung sollten Sie in kleinen Sequenzen immer wieder freudig üben.

Gelingt die Verstärkung, ist es angenehm leicht, den Vorwärtsimpuls des Pferdes abzufangen und den Schwung in der Versammlung umzuwandeln. Auch hier arbeite ich gern mit einem Vergleich: So wie das versehentliche Drücken einer Zahnpastatube dazu führt, dass deren Inhalt unkontrolliert herausquillt, so lässt ein falsch gerittener Tempowechsel die Energie des Pferdes unkontrolliert heraus. Daher seien Sie aufmerksam und erarbeiten Sie den richtigen Mitteltrab!

Die Verstärkungen langsam entwickeln und das Aufnehmen erfühlen. Auf Harmonie achten. Keine Verschleißreiterei, dies erspart Ihnen die Tierarztkosten! „Extended trott and not expensive trott!"

Der Außengalopp

Galoppieren im Außengalopp gibt Aufschluss über den Ausbildungsstand des Pferdes. Oft ist der Außengalopp hilfreich, wenn Reiter und Pferd noch nicht sicher sind, wie sich der gesetzte Galopp anfühlen soll.

Schließen Sie die Augen und versuchen Sie, die Körperspannung des Pferdes zu erfühlen: Was machen die Hinterbeine? Wann und wohin fußen sie ab?

Als ich das erste Mal einen Außengalopp mit einer vierjährigen ganggewaltigen Stute ritt, bot sie mir nicht nur diesen an, sondern sprang auch einen schönen fliegenden Wechsel in der Wendung. Ich musste überlegen, wie ich reagiere, denn wenn ich diesen gewähre, wird sie immer dann, wenn sie Balanceprobleme im Außengalopp hat, erneut den Galopp wechseln. Bei dieser Stute habe ich daher zuerst mit dem spielerischen Reiten von fliegenden Wechseln begonnen und erst später, nachdem sie auch im Handgalopp dynamischer und gesetzter galoppieren konnte, mit dem balancierten Außengalopp begonnen. Natürlich kann sie heute beides.

Voraussetzung

Der Reiter ist in der Lage, sicher auf beiden Händen mit feinen Hilfen am Sitz anzugaloppieren. Bei einem gut geschlossenen Galopp bleibt das Pferd tadellos gerade und losgelassen. Durch das Erarbeiten von vielen gut gerittenen einfachen Galoppwechseln wird das Pferd sensibler an den Hilfen, durchlässiger und geschlossener. Es hat

Hinführung zur richtigen Versammlung

Bleibt das Pferd an den Hilfen, losgelassen und gerade, ist es bereit für den Außengalopp.

gelernt, sich für einen Moment selbst zu tragen. Jetzt ist es bereit für den Außengalopp.

Bewegungsrichtung vorgeht. Je mehr das Pferd gelernt hat, sich im Außengalopp zu tragen, desto besser kann der Reiter tief im Pferd sitzen.

Bei leichter Außenstellung und Längsbiegung wird jeder Galoppsprung mit dem verwahrenden Schenkel begrenzt, sodass die Hinterhand nicht in die Bahn hineinfällt. Darauf ist besonders in Wendungen zu achten. Der gelungene Außengalopp fördert die Tragkraft des Pferdes auch in engen Wendungen und Volten. Dabei immer auf das Feststellen des Halses an der Schulter achten, die Biegung ist gering.

Unterstützt wird die Balance im Kontergalopp durch die gleichmäßige Verteilung des Reitergewichts im Dreipunktsitz. Aus dem Sitzzentrum ist es nicht aufwendig, die Vorhand mit Gewicht und innerem Schenkel zu wenden. Das Pferd wird dabei niemals von der Reiterhand getragen, sondern hat seinen Kopf und Hals in Selbsthaltung und Körperspannung.

> **Das Pferd aufmerksam halten! Sehr aufrecht im Sitz bleiben und die Balance nicht verlieren!**

Lektionsbeschreibung

Der Außengalopp ist nichts anderes als der korrekt versammelte Handgalopp als Konterlektion. Das Pferd wird durch schließende halbe Paraden vorbereitet. Dann aktiviert der Reiter mit dem inneren Schenkel das innere Hinterbein des Pferdes zum angaloppieren. Dabei nicht „übertreiben", sondern Signale setzen. Der erste Galoppsprung wird kontrolliert herausgelassen und das innere Hinterbein fußt unter den Schwerpunkt. Das geht nur dann, wenn der Reiter mit guter Körperspannung balanciert sitzt und mit der inneren Hüfte in die

Trainingserfolg

Diese Übung hat einen ausgesprochen starken gerade richtenden und versammelnden Effekt. Zusätzlich wird durch das Angaloppieren aus dem Schritt, Halten oder Rückwärtsrichten die Hankenbeugung besonders gefördert. Die Galoppade des Außengalopps wird deutlich erhabener und freier in der Schulter. Gleichzeitig verbessert das Reiten von Wendungen, Volten und Tempowechseln im Kontergalopp das Gleichgewicht von Reiter und Pferd. Auch die Arbeit im Schultervor und Schulterherein im Kontergalopp ist eine effektive

Klappt eine schwierige Lektion, gönnen Sie sich und Ihrem vierbeinigen Partner eine belohnende Pause. Foto: Tierfotografie Huber

Möglichkeit zur Geraderichtung. Wenn dabei noch Tempowechsel eingebaut werden, fördert diese Übung die Schwungentfaltung und verbessert die Durchlässigkeit des Pferdes.

Der Außengalopp erhöht die Aufmerksamkeit von Reiter und Pferd. Beide finden ihren gemeinsamen Schwerpunkt, aus dem sie mit geschickter Hilfegebung die abwechselnde Trainingsanforderung von Vorwärts und Versammlung erarbeiten können. Zügelhilfen werden bei dieser Lektion nahezu überflüssig, da das Pferd am Sitz des Reiters steht und nur kleinste Hinweise durch die Hand des Reiters benötigt.

Ein in guter Balance gerittener Kontergalopp ist die beste Voraussetzung für das Erarbeiten von fliegenden Wechseln und weiteren fortgeschrittenen Lektionen.

> **Die Arbeit im Außengalopp ist sehr anstrengend und muss gut dosiert werden!**

Fehler und Lösungen

- **Falsches Angaloppieren:** Aus dem sortierten, ruhigen Schritt im Wechsel von einer auf die andere Hand immer wieder neu angaloppieren, durch weiche halbe Paraden sorgsam vorbereiten.
- **Umspringen:** Durch viele einfache Galoppwechsel zur Vorbereitung das Pferd an die Hilfen stellen, Zirkel verkleinern und vergrößern, mit dem äußeren Schenkel deutlich verwahren, gleichmäßigere Versammlung in kurzen Reprisen.
- **Ausfallen über die äußere Schulter:** Am inneren Zügel weniger Druck, den äußeren Schenkel schließen und nicht zu weit zurück legen, Sitz gerade halten, Vorhand mit dem Sitz und beiden Zügeln nach außen weisen.
- **Das Pferd verliert die Balance:** Reitersitz kritisch überprüfen, ruhiger galoppieren, äußerer Schenkel immer am Pferdekörper.
- **Tempoverlust, Ausfallen aus dem Galopp:** Kürzere Reprisen verlangen, Tempowechsel an den langen Seiten einbauen.
- **Schiefes Galoppieren:** Die Vorhand von der Bande nehmen, die Hinterhand auf dem Hufschlag

Hinführung zur richtigen Versammlung

Ist das Pferd im Galopp richtig balanciert, gelingt auch der Außengalopp schnurgerade.

halten. Kommt die Vorhand herein, diese mit den Hilfen an der Bande fixieren.

Variationen
- Einfache Schlangenlinie im Handgalopp zur Vorbereitung – Wenden der Vorhand üben, flache Bögen.
- Im Handgalopp durch die halbe Bahn wechseln, aus der Ecke kehrt oder aus dem Zirkel wechseln.

Ohne einfachen Galoppwechsel in den Außengalopp übergehen mit Richtungswechsel. Im Außengalopp aus dem absolut stillen Sitz die Vorhand wenden.
- Im Außengalopp durch die halbe Bahn wechseln, aus der Ecke kehrt, aus dem Zirkel wechseln oder eine Volte reiten. Hand- und Außengalopp im Wechsel.
- Aus dem Schritt, Halten oder Rückwärtstreten in den Außengalopp. Die Durchlässigkeit und Versammlung beim Pferd verdeutlichen.
- Mittellinie im Außengalopp, dabei Volten im Hand- und Außengalopp. Gut ausbalancieren, wenden und wieder die Mittellinie treffen.
- Schlangenlinie durch die Bahn, drei bis sechs Bögen ohne einfachen Galoppwechsel: Richtungsänderung auf gebogenen Linien zur Übung der gemeinsamen Balance von Reiter- und Pferdekörper.

Mein Rat zum Erfolg
Wenn Sie bei der Ausbildung des Pferdes beim Außengalopp angekommen sind, dann nehmen Sie diese sehr wirkungsvolle Übung immer wieder zur Verbesserung der Versammlung und des Geraderichtens. Die Hinterfüße folgen den Vorderfüßen auf einer Linie. Die Probleme des Taktes oder der Selbsthaltung lösen sich wie von selbst, wenn Sie die Galoppade im Durchsprung fleißig halten und die Selbsthaltung (Bergauftendenz) mit dem aufrechten Sitz unterstützen. Ihre Handeinwirkung sollte sich deutlich reduzieren, damit das Pferd seinen Körper fühlt und nicht nur „kopforientiert" ist! Achten Sie darauf, dass die Arbeit im Außengalopp keinen von Ihnen beiden überanstrengt, weder körperlich noch mental. Trainieren Sie den Außengalopp in Maßen, dies erhält die Motivation Ihres Pferdes beim täglichen Training.

Der fliegende Galoppwechsel

Wird innerhalb der Ausbildung der fliegende Galoppwechsel erreicht, geht das Pferd schon in Balance. Auch junge Pferde, die anlagebedingt mit einer guten natürlichen Balance ausgestattet sind, können bereits zu diesem Zeitpunkt spielerisch „Spaß"-Wechsel erlernen, beispielsweise beim Springtraining. Doch auch hier sollte der Reiter gleich zu Beginn auf das gleichzeitige Durchspringen des Hinterbeins mit dem Vorderbein achten. Dann gibt es später beim Wechsel in der versammelnden Arbeit keine Probleme.

Pferde, denen das Wechseln des Galopps leichtfällt, können den fliegenden Wechsel zur Richtungsänderung ohne große Schwierigkeiten einbauen. Wenn das Pferd über natürliches Gleichgewicht und eine gute Galoppade verfügt, ist es möglich, den fliegenden Wechsel – richtig ausgeführt – spielerisch in die Lösearbeit mit hineinzunehmen.

Bei meinen Pferden stelle ich immer wieder während des Trainings der fliegenden Wechsel Freude an dieser Arbeit fest. So hatte ich ein sehr lustiges Pony in Ausbildung, das seinen ganz eigenen Kopf hatte. Es zeigte mir deutlich, wann es bereit für die Wechselarbeit war, da es andernfalls alle Richtungs- und Tempoentscheidungen selbst traf. Hier war es elementar äußerst wichtig, chronologisch in der Ausbildungsarbeit vorzugehen: Ohne Biegearbeit und Durchlässigkeit war kein Weiterkommen möglich, da sein Schwerpunkt zu stark auf der Vorhand und meiner Hand war. Ich begann die Unterrichtsstunde immer sofort mit einfachen Übergängen auf der Zirkellinie, die Steigerung war der einfache Galoppwechsel. Erst dann, wenn er „zuhörte" und meine Hilfengebung akzeptierte, konnte ich mit dem Erarbeiten der fliegenden Wechsel beginnen. Zu Beginn konnte ich dann täglich ein bis zwei Wechsel reiten.

Beim fliegenden Galoppwechsel muss das Pferd absolut gerade gerichtet sein. Foto: Tierfotografie Huber

Voraussetzung

Für den fliegenden Wechsel sollte das Pferd in der Lage sein, in einem losgelassenen taktmäßigen Grundgalopp zu arbeiten, ohne zu eilen. In deutlicher Bergauftendenz und guter Balance zwischen Vor- und Hinterhand kann der Reiter die Galoppsprünge verlängern und verkürzen. Er kennt die Hilfengebung und kann jeden Sprung kontrollieren.

Hinführung zur richtigen Versammlung

mit dem äußeren Schenkel zwei bis drei treibende Signale gegeben. Dann wird der alte äußere Schenkel vorgenommen, ohne zu treiben, und damit zum neuen inneren Schenkel, der mit flacher Wade ohne Druck anliegt. Der alte innere Schenkel wird zum verwahrenden äußeren und hält die Hinterhand gerade.

Entscheidend ist, dass das Pferd dabei in jeder Phase vor dem Sitz bleibt! Dieser bleibt ruhig und ausbalanciert, damit das Pferd nicht schwankt, sondern im Wechsel gerade bleibt. Nun wird am alten inneren Zügel eine stärkere Verbindung zum Pferdemaul hergestellt. Hierdurch wird er während des Wechsels zum führenden und gerade haltenden Zügel. Der neue innere (alte äußere) Zügel lässt den Wechsel durch Nachgeben heraus und wird leicht. Ein Umstellen des Halses ist absolut falsch, es führt zum Balanceverlust! Er bleibt gerade und wirkt wie eine „Balancierhilfe".

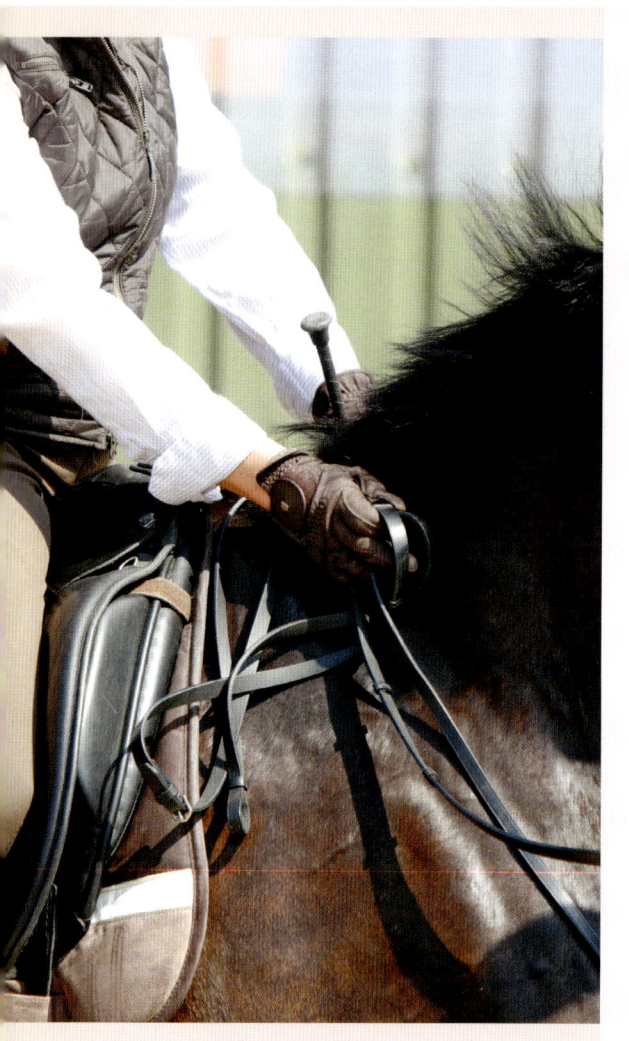

Gelingt der Wechsel, überstreichen und Loben nicht vergessen! Das Pferd soll positive Erlebnisse abspeichern! Foto: Tierfotografie Huber

Stellen Sie sich vor, Sie reiten auf einem Schwebebalken entlang: gerader Galopp – gerader Wechsel – gerade weiter!

Lektionsbeschreibung

Voraussetzung für das Auslösen des fliegenden Wechsels ist, dass der Reiter den technischen Ablauf verstanden hat. Er sitzt absolut senkrecht und hat Verbindung an beiden Zügeln. Das Pferd ist gerade gerichtet. Zunächst wird das äußere Hinterbein auf den Tausch der Position – es wird das spätere innere Hinterbein – aufmerksam gemacht. Hierfür werden im Galopprhythmus des Abfußens

Trainingserfolg

Der fliegende Wechsel motiviert Reiter und Pferd, sensibilisiert das Pferd auf die Hilfengebung des Reiters, macht es wach und dient so der Schwungentfaltung. Zusätzlich wird durch die wechselnde Be- und Entlastung der Hinterbeine und das weite Fußen unter den Schwerpunkt die Bauchmuskulatur – die „Bascule" des Pferdes – und seine Losgelassenheit verbessert.

Wenn Reiter und Pferd sich im Gleichgewicht befinden, ist der fliegende Wechsel keine Kraftanstrengung: Vielmehr löst der Reiter aus einem

Arbeit an den Galoppwechseln macht Pferd und Reiter Freude und bringt Kraft in die Hinterhand.

positiv gespannt galoppierenden Pferd den dynamischen Wechsel aus. Ist dieser im „Bergauf", kann der Reiter bei korrekter Ausführung sofort im gleichen Takt weiterreiten. Beide haben die Balance und das Pferd die Selbsthaltung nicht verloren. Durch die Reduktion der Hilfengebung im Verlauf des Trainingsplans kommt es zu immer mehr Eleganz und Leichtigkeit.

Wie eine Spritzpistole: einfüllen, spannen, entladen und weitergaloppieren!

Der Trainingserfolg eines korrekten fliegenden Galoppwechsels zeichnet sich durch wesentliche Merkmale aus:
- Das Pferd bekommt mehr Bergauftendenz und Ausstrahlung.
- Der fliegende Wechsel ist deutlich bergauf gesprungen und bleibt in Balance, der versammelte Galopp weist eine freudige Spannung auf.
- Der Wechsel „entlädt sich" vorwärts-aufwärts mit Schwungentfaltung.
- Das Pferd wartet auf das Signal zum Wechseln und konzentriert sich.
- Das Pferd bleibt durch den neuen äußeren Zügel gerade gerichtet.
- Während der Schwebephase tauscht das Pferd

unter dem aufgewölbten Rücken die Beinpaare, dadurch verbessert sich die Körperspannung und Losgelassenheit.
- Takt und Fluss der Galoppade bleiben vor, während und nach dem Wechsel unverändert. Das Pferd galoppiert gleichmäßig weiter, ohne zu eilen.
- Der Reiter sitzt Balance haltend gerade und ruhig mit eleganter Hilfengebung.

Rhythmisches Galoppieren – keine Hektik!

Fehler und Lösungen
Beim fliegenden Wechsel gibt es oft Koordinationsschwierigkeiten:
- Takt und Durchsprung gehen verloren: Tempowechsel, Zirkelarbeit und Außengalopp ohne fliegenden Wechsel üben.
- Die Balance in der Wendung fehlt, der Sitz ist schwankend, „Motorrad-Feeling": senkrecht sitzen, Volten im versammelten Galopp lotrecht galoppieren.
- Die Balance zwischen Vor- und Hinterhand fehlt, zu schnelle Galoppade, hohe Kruppe: Zuvor durch gute Versammlung die Selbsthaltung überprüfen, weniger Schenkeldruck, besser durch halbe Paraden vorbereiten.
- Das Pferd wird schief: Gleichmäßige Anlehnung an beiden Zügeln, zuvor über den Außengalopp gerade richten.
- Das Pferd ist in Bewegungsrichtung gestellt: Zügelhilfe auf der falschen Seite, weniger Hand, mit dem neuen äußeren Zügel absolut gerade halten.
- Das Pferd springt den Wechsel hinten oder vorn nach: Tempowechsel reiten und damit Schwung, Durchlässigkeit und Versammlung überprüfen, viele einfache Galoppwechsel reiten, Schenkelhilfen durch Seitengänge, siehe Seite 83, absichern (ohne Gewaltanwendung!), der Wechselfehler vorn ist ein Handfehler, nicht umstellen!
- Das Pferd springt den Wechsel nicht, zeigt keine Reaktion: Zurück zum einfachen Wechsel, Signale setzen, das Pferd nicht „spazieren tragen", häufige Tempowechsel auf dem Zirkel im Galopp reiten.
- Der Wechsel kommt vor der Hilfe: Aus der Traversale oder aus dem Außengalopp entwickeln, weniger ist mehr, nur ein- bis zweimal üben, im richtigen Moment aufhören und belohnen.
- Das Pferd wird hektisch: Unterschiedliche Ursachen: 1. falsche Abstimmung der Hilfen. Abhilfe: Viele einfache Galoppwechsel an der langen Seite ausführen, Hilfen einüben, Schenkelhilfe immer am gleichen Ort, mit dem inneren Schenkel angaloppieren! 2. Der Reiter macht zu viel Druck. Abhilfe: Mehr mit Sitz und aus der Wade reiten. 3. Der Reiter sitzt unruhig. Abhilfe: Ruhe im Körper, tiefe Hand, Schenkel richtig platzieren.

Alle Probleme erfordern eine genaue Ursachenforschung, denn sie ist der einzige Weg, Abhilfe zu schaffen! Der Weg der Ausbildung der vergangenen Wochen und Monate sollte überprüft werden. Reiterschwächen täglich aufs Neue erspüren und selbst korrigieren!

Handfehler wirken sich zehnfach negativ aus!

Variationen
Nach dem Erlernen des fliegenden Galoppwechsels lässt sich dieser in verschiedene Übungsabläufe integrieren:

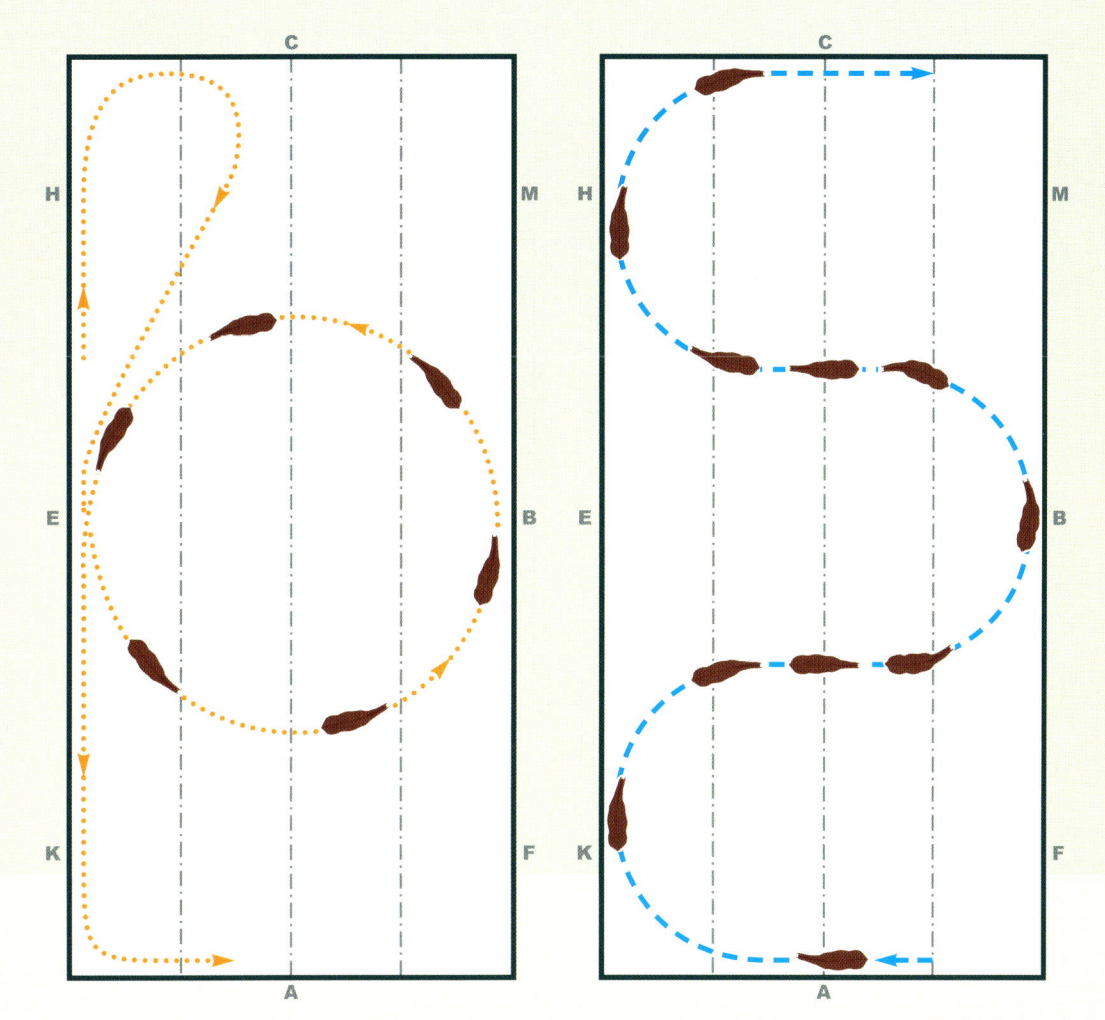

Aus der Ecke kehrt im Außengalopp, danach auf den Zirkel abwenden und einzelne fliegende Wechsel reiten.

Schlangenlinie durch die Bahn mit fliegendem Wechsel auf der Mittellinie

- Aus der Ecke kehrt im Außengalopp, auf dem Zirkel galoppieren, dann einzelne fliegende Wechsel reiten: Körperspannung halten, Energie entlädt sich im Wechsel.
- Schlangenlinie durch die Bahn mit fliegenden Wechseln beim Überreiten der Mittellinie: Nach der Wendung mit guter Längsbiegung gerade richten und schnell reagieren; alter innerer Zügel führt!
- Durch die halbe und ganze Bahn mit fliegenden Wechseln vor und bei Erreichen des Hufschlags wechseln: Versammlung halten, zentriert sitzen, das Pferd bleibt vor den Hilfen.

Hinführung zur richtigen Versammlung

- An der langen Seite, auf der Fünfmeterlinie oder auf der Mittellinie mit fliegendem Wechsel auf der Geraden: dient der Vorbereitung der Serienwechsel.
- Der fliegende Wechsel im Mittelgalopp: Gute Körperspannung halten, immer flüssig weiter bergauf galoppieren, mit Kontrolle durch halbe Paraden auf den Galoppwechsel aufmerksam machen.

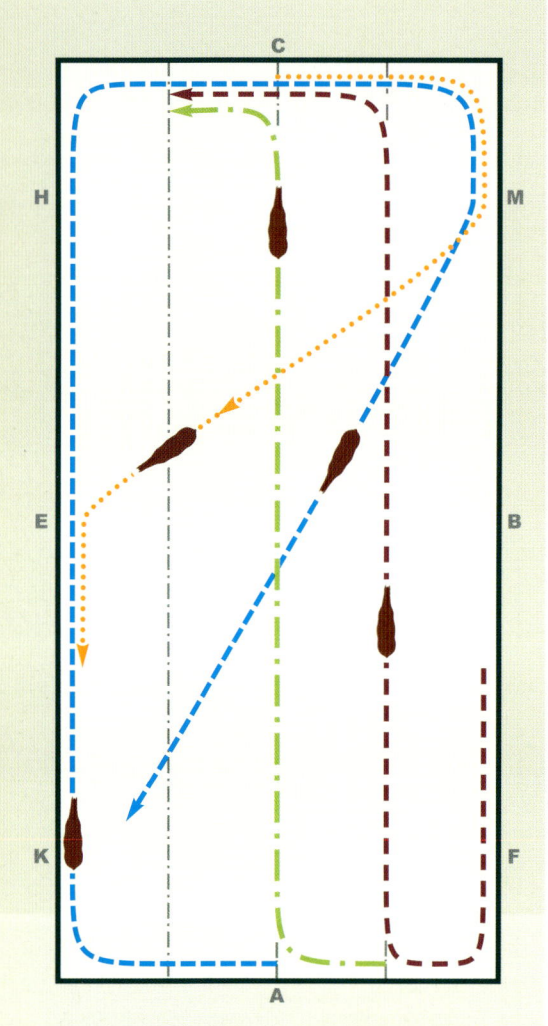

Blaue Linie: durch die ganze Bahn wechseln mit fliegendem Wechsel bei Erreichen des Hufschlags
Orangefarbene Linie: durch die halbe Bahn wechseln mit fliegendem Wechsel bei Erreichen des Hufschlags
Grüne Linie: fliegender Wechsel auf der Mittellinie
Lilafarbene Linie: fliegender Wechsel auf der Fünfmeterlinie

Mein Rat zum Erfolg

Für die Pferde ist der fliegende Galoppwechsel nicht wirklich schwierig. Auf der Weide führen sie ihn spielerisch von allein aus. Unter dem Sattel, wenn der Reiter die Schulter des Pferdes belastet, ist der Ablauf wesentlich schwieriger. Die Pferde, die mit einer ausgesprochen guten, natürlichen Balance und Bergauf-Galoppade ausgestattet sind, können auch mit Reitergewicht frühzeitig den Galopp wechseln. Das ist besonders beim Springen oder beim Reiten im Gelände von Vorteil. Ist bei solchen Pferden jedoch erst einmal ein „Springpferdewechsel" mit nachspringendem inneren Hinterbein manifestiert, dann ist sorgfältige Arbeit an der Dynamik und Versammlungsbereitschaft der Hinterhand erforderlich, um diesen Fehler wieder abzustellen. Das falsch Erlernte muss wieder vergessen werden. Zu Beginn des Trainings genügt ein guter fliegender Wechsel. Das Pferd sollte gleich belohnt werden und sich abspannen dürfen. Ein gut gerittener Wechsel hat einen höheren Trainingseffekt als drei, von denen nur einer klappt. Wenn Sie das äußere Hinterbein fühlen und vor dem Wechsel mit Signalen sensibilisieren, werden Sie ihn mit nahezu unsichtbaren Hilfen auslösen können. Spüren Sie den Schwung und die Kraftentfaltung dieser Lektion! Halten Sie das Pferd gerade, indem Sie mit dem neuen äußeren Schenkel nicht treiben, sondern nur verwahren.

- Mittel- oder starker Galopp, aufnehmen und wechseln: Das Zurücknehmen des Galopps deutlich auf das aktive Hinterbein bringen, die Schulter wird frei und der Wechsel kann kommen.

Sobald das Pferd die Übung verstanden hat, werden die Hilfen bis hin zu kleinsten Signalen minimiert. Ich achte besonders darauf, die Wechsel entweder gleich richtig zu üben oder sie in der Ausbildung hintenanzustellen. Bei Temperamentsschwierigkeiten gebe ich den Pferden Zeit und ein sehr individuelles Training, denn meist ist der fliegende Wechsel nicht das Problem, sondern eine andere Schwäche. Diese muss erkannt und behoben werden, bevor man weitertrainiert.

Schenken Sie der noch nicht richtig gerade gerichteten Seite des Pferdes Aufmerksamkeit, da diese erfahrungsgemäß mehr Schwierigkeiten bereitet. Erst gerade richten, dann noch einmal versuchen. Kommt es zwischen Ihnen und Ihrem Pferd beim Erlernen des fliegenden Wechsels zu Missverständnissen, sollten Sie durchparieren, Ruhe herstellen und von vorn beginnen. Dabei helfen Volten und einfache Galoppwechsel.

Checkliste für den Reiter:
- Habe ich mich und das Pferd vorbereitet?
- Habe ich meine Hilfen im richtigen Augenblick, in der richtigen Dosis und an der richtigen Stelle eingesetzt?
- Ist mein Sitz balanciert?
- Sind meine Hände ruhig?

Wie lehre ich den fliegenden Wechsel?
1. Beibringen und einüben (wenige, aber gute fliegende Wechsel reiten!),
2. trainieren (innerhalb vieler verschiedener Übungsabläufe und Variationen),
3. an jedem möglichen Bahnpunkt abrufen (wann und wo ich möchte).

Jedes Pferd müssen wir je nach Alter, Temperament und Ausbildungsstand individuell trainieren. Die konkrete Vorgehensweise richtet sich dabei auch nach unserem Ausbildungsstand. Aus der Kombination aller bisher gelernten Übungen kann ich immer wieder neue, abwechslungsreiche Trainingsvariationen zur Motivation des Pferdes zusammenstellen. Kurze Pausen während des Trainings lassen das Gelernte sacken und belohnen kleine Trainingserfolge wie Zuhören und gelassenes Warten des Pferdes auf die Hilfengebung des Reiters.

Das Rückwärtsrichten

Die natürliche Fortbewegungsrichtung des Pferdes ist vorwärts. Jedoch sehen wir in der Natur oder auf der Weide auch ein sich rückwärtsbewegendes Pferd. Dies hat meist mit Abwehr, Angriff, Verteidigung oder Unterordnung zu tun. Wir Reiter können diese Lektion zur Überprüfung der Durchlässigkeit nutzen, bei fortgeschrittener Ausbildung auch zur Versammlung und vermehrten Hankenbiegung. Das Rückwärtstreten sollte niemals ohne Vorbereitung geritten werden. Nur in kritischen Momenten darf es an der Hand zur Unterordnung dienen – sollte das Pferd einmal vergessen, dass der Führende das Sagen hat. Das Pferd wird durch das Rückwärtsrichten zur Ordnung gerufen, danach wird ohne Aufwand zum Alltagsgeschehen zurückgekehrt.

Bei mir kommt das Rückwärtsrichten in der Ausbildung erst relativ weit hinten, denn diese Übung setzt ein durchlässiges und gut gelöstes Pferd voraus. Soll es zur deutlichen Verbesserung der Versammlung eingesetzt werden, müssen wir es in das folgende Kapitel verschieben.

In guter Erinnerung ist mir eine Stute geblieben, der das Rückwärtstreten nicht sehr schwerfiel. Sie konnte sich jedoch auch meinen vortreibenden

Hinführung zur richtigen Versammlung

Hilfen durch rückwärtiges Entweichen schnell entziehen. Bei ihr verzichtete ich eine sehr lange Zeit auf diese Übung, denn diese Fehlprägung war schwer zu löschen. Auch heute noch ist beim Reiten dieser Lektion Vorsicht geboten: Sie muss immer deutlich vor den treibenden Hilfen stehen und darf niemals mit der Hand zum Rückwärtstreten aufgefordert werden.

Voraussetzungen

Bei der rückwärtsrichtenden Arbeit ist besonders darauf zu achten, dass das Pferd verstanden hat, wie es sich fleißig in Balance, Losgelassenheit und gleichmäßiger Anlehnung in allen drei Grundgangarten bewegt. Voraussetzung ist weiter, dass das Pferd durch halbe Paraden während des Trainings entsprechend von hinten nach vorn gymnastiziert wurde und die treibenden sowie verhaltenden Hilfen des Reiters annimmt. Schließlich gilt der korrekten ganzen Parade besondere Beachtung.

Lektionsbeschreibung

Zunächst wird eine balancierte ganze Parade ausgeführt, bei der die Hinterhand durch Nachtreiben unter den Schwerpunkt tritt. Steht das Pferd korrekt, lässt man es am Zügel abkauen und hält mit dem aufrechten Sitz weiterhin die Spannung im Pferdekörper. Der Reitersitz bleibt aufrecht und der Oberbauch vor, damit das Pferd nicht auseinanderfällt und immer angeritten werden kann. Durch die Bergauftendenz und damit verbundene Schulterfreiheit des Pferdes kommt der Reiter tief zum Sitzen. Zum Rückwärtsrichten benötigt der Reiter keine Kraft. Die Rückwärtstritte sind diagonal gleichzeitig im gleichmäßigen Zweitakt. Um dies zu erreichen, treibt der Reiter mit den am Gurt liegenden Schenkeln das Pferd an die getragene Hand heran, um die richtige Spannung herzustellen. Damit das Pferd rückwärtstritt, umschließt der Reiter an verwahrender Position

Nur aus dem korrekten Halten ist auch das richtige Rückwärtsrichten möglich. Foto: Blacky

Beim Rückwärtsrichten muss das Pferd mehr vor dem Sitz bleiben.

den Pferdebauch. Allein durch die Schenkelverlagerung wird das Pferd nach mehrfachem Üben wissen, dass es zurückgehen soll. Bis es so weit ist, veranlassen rhythmisch annehmende Zügelhilfen das Pferd, diagonal zurückzutreten. Der Reiter bleibt zu Beginn mit wenig oder keiner Kreuzeinwirkung aufrecht sitzen. Je nach Ausbildungsstand des Tieres wird sie bei erhöhtem Versammlungsgrad und vermehrter Hankenbiegung gesteigert. Anfangs kann der Rücken des Pferdes sogar durch leichtes Sitzen vor der Senkrechten entlastet werden.

Hat das Pferd nachgegeben, darf es, zumindest im anfänglichen Lernprozess, die ihm angenehmste Halshaltung – meist etwas tiefer – einnehmen. Wichtig ist die damit verbundene Durchlässigkeit der vortreibenden und verhaltenden Hilfen. Später wird es – bei fortgeschrittener Tragfähigkeit – in relativer Aufrichtung zur Hankenbiegung mit Kreuz und Schenkel rückwärtsgerichtet.

Hinführung zur richtigen Versammlung

Um das Rückwärtsrichten zu beenden, legt der Reiter die Schenkel wieder an den Gurt, als wollte er anreiten. Diese werden damit von verwahrenden zu vorwärtstreibenden Schenkeln. Das Pferd wird fließend ins Vorwärts entlassen, indem das zuletzt auf dem Boden auffußende Hinterbein ohne Abbruch angeritten wird. Soll das Rückwärtsrichten zum Halten führen, wird das Pferd durch einen letzten, halben Tritt gleichmäßig auf beide Hinterbeine gesetzt und in die Hilfen eingeschlossen.

Ein positives Ergebnis ist es, wenn das Pferd allen signalisierenden Reiterhilfen willig und ohne Diskussion folgt und dabei mit dem Reiter kommuniziert.

Der Sitz des Reiters muss die Spannung der ganzen Parade auch im Rückwärtsrichten halten, damit er jederzeit daraus anreiten kann! Es ist ratsam, zu Beginn wenige Tritte zu verlangen und erst mit zunehmender Übung und Sicherheit die Anzahl der Tritte zu erhöhen.

Trainingserfolg

Die Gymnastizierung beim diagonalen Rückwärtstreten ist sehr wertvoll: Sie festigt die Geschlossenheit des Pferdekörpers und später auch die Tragfähigkeit des Pferdes deutlich. Der Schwerpunkt des Pferdes verlagert sich dabei rückwärtig und bereitet so die Last aufnehmenden Hanken auf die stark versammelte Arbeit wie Pirouette und Passage vor. Die Sensibilisierung schreitet mit erhöhter Versammlung voran. Das Pferd folgt den leichten Signalen von vortreibenden und verhaltenden Hilfen durchlässig.

Fehler und Lösungen

- Kriechendes Rückwärtsrichten: Das Pferd weicht dem Vortreiben rückwärts aus und entzieht sich den Hilfen des Reiters. Mehrere halbe und ganze Paraden geben und daraus frisch anreiten. Das Rückwärtsrichten zurückstellen. Treibenden Schenkel absichern!
- Schleppendes Rückwärtsrichten: Energisches Abfußen der Hinterbeine durch Vortreiben des am Gurt liegenden Schenkels fordern, nur wenige Tritte und sofort daraus antraben. Selbsthaltung des Pferdes fördern, zurück zur Vorbereitung durch halbe und ganze Paraden und damit die Balance und die Bergauftendenz verbessern.
- Stockend, Widerstand gegen die Hand, über dem Zügel, hohe Kruppe: Gebiss überprüfen, weniger Hand, die vortreibenden Hilfen deutlich absichern. Das Pferd bleibt vor dem Sitz, sonst abbrechen und Tempowechsel reiten.
- Das Pferd eilt rückwärts: Mit dem vortreibenden Schenkel durchsetzen, weniger Hand, die einfachen Übergänge und Tempowechsel vorschalten.
- Nicht diagonale Fußfolge: zunächst Übergänge reiten, viel Geduld und dann mit wenigen, aber richtigen Tritten zufrieden sein! Leichtes Seitwärtsreiten dabei und ruhige Tritte, falls das Pferd sich verweigert.
- Das Rückwärtsrichten wird schief: Die Wirbelsäule des Pferdes gerade richten, die ganze Parade überprüfen: Das Pferd sollte gerade und geschlossen stehen, gleichmäßiger Druck an beiden Schenkeln, Zügellänge gleich, beidseitig belastender Sitz, in der Mitte sitzen.
- Das Pferd steigt: Reiten mit Köpfchen und Einfühlung, erst nachdenken! Nach vorn reiten, auf das Rückwärtsrichten vorerst verzichten. Konsequenter Verzicht auf gewaltsame Ausbildung!

Variationen
- An der Bande
- Auf freier Linie
- Die Schaukel: Aus dem Schritt rückwärts und ohne Halt sofort wieder in den Schritt. Nach vier Schritten ohne Stopp wieder rückwärts.
- Veränderte Trittlänge: je nach Versammlung größere oder kleinere Tritte.

Mein Rat zum Erfolg
Das Rückwärtsrichten ist eine hochwirksame Übung, wenn es korrekt ausgeführt wird. Meiner Beobachtung nach ist dies jedoch selten der Fall. Oft sieht man auf Turnieren nur die andressierte, kriechende Rückwärtsbewegung des Pferdes. Es zeichnen sich dabei „Schleifspuren" im Sand ab.

Schon mit jungen Pferden bereite ich diese Übung an der Hand vor. Wenn die Pferde die Hilfengebung (Körpersprache, Gerte, Stimme und Hand) der Arbeit an der Hand verstanden haben, kann ich mit leichter Einwirkung an der Sensibilisierung und Versammlungsbereitschaft des Pferdes arbeiten. Dabei erarbeite ich vom Boden das Rückwärtsrichten spielerisch mit leicht touchierender Hilfe an der Brust oder den Vorderbeinen. Dies allerdings aus dem Vorwärts und ohne zu häufige Wiederholung, um keine Langeweile oder gar Stress zu produzieren. Anfänglich sollten Sie sich mit einem noch groben, aber diagonalen Treten zufriedengeben! Die Arbeit an der Hand kann immer parallel zu allen anderen Lektionen eingesetzt werden, wie den geraden Linien, Schenkelweichen, Übergängen oder Zügel-aus-der-Hand–kauen-Lassen.

Die effektivste Trainingsmöglichkeit ist eine Kombination aus Vorwärtsreiten und Rückwärtsrichten, die Schaukel: Dabei wird aus dem Vorwärts ins Rückwärts und aus dem Rückwärts ins Vorwärts geritten.

Schrittpirouette, Hinterhandwendung und Kurzkehrt

Bis zu diesem Ausbildungsstand sollte bereits eine deutliche Verfeinerung der Einwirkung stattgefunden haben. Es ist nunmehr an der Zeit, durch eine Pirouette im gleichmäßigen Schritttakt zu überprüfen, ob die Feinabstimmung aller Hilfen korrekt ist. Sie zeigt die gewünschte Wirkung, nämlich ein aktives Auf- und Abfußen der Hinterbeine.

Voraussetzung
Der Reiter kann die einfachen Übergänge reiten und weiß im gelassenen Takt des Schrittes die Hinterbeine einzeln nachzutreiben (wechselseitiges Treiben im Schritt, auf den Viertakt achten!). Das Verständnis der verwahrenden und vortreibenden Schenkel ist vorhanden. Hinzu kommt die Kenntnis der diagonalen Hilfengebung, wie zum Beispiel beim Schultervor.

Lektionsbeschreibung
Die Schrittpirouette, auch Kurzkehrt genannt, ist eine handwechselnde Lektion im verkürzten Schritttakt aus der Bewegung in die Bewegung. Dabei wird die Vorhand um die Hinterhand gewendet und geht immer leicht voraus: Es wird ein größerer Kreis mit der Vorhand und ein kleinerer Kreis mit der Hinterhand geritten, dabei kreuzen die Vorderbeine. Die Hinterbeine fußen wechselseitig auf und ab – allerdings ohne zu kreuzen! Das Pferd wird im Rhythmus des Schritttaktes vermehrt unter den Schwerpunkt nachgetrieben und ist bereit, die Hinterbeine unter den entspannten Körper zu setzen.

Zur Vorbereitung schreitet das gerade gerichtete Pferd mit Aufrichtung in der Schulter. Der Schritt wird in der Trittlänge durch eine ruhig am Platz stehende Hand verkürzt, bleibt aber fleißig. Die Einleitung des Kurzkehrts beginnt in korrekter

Stellung und Biegung in Bewegungsrichtung. Die Vorhand wird ruhig gewendet, indem der Reiter leicht mit beiden Zügeln seitwärts und mit dem äußeren Knie und dem Oberschenkel in Bewegungsrichtung weist. Die äußere Wade wirkt in verwahrender Position begrenzend auf die Hinterhand ein und aktiviert gleichzeitig das äußere Hinterbein. Durch wechselseitiges Treiben auf der Linienführung der Pirouette werden die Hinterbeine angeregt, taktmäßig abzufußen. Beide Hinterbeine treten aktiv auf einem kleinen Halbkreis, die Hankenbeugung verbessert sich.

Während der Oberschenkel nach wie vor die Vorhand begrenzt, werden Stellung und Biegung in Bewegungsrichtung so lange gehalten, bis der Hufschlag erreicht ist. Erst dann wird gerade gestellt, vorgeritten und umgestellt.

Ein anfänglich größerer Radius der Hinterhand ist völlig in Ordnung. Wichtig ist, dass der Reiter mit seinen Hilfen immer gleichbleibend und nicht zu stark einwirkt. Dann vertraut ihm das Pferd und fühlt sich gut eingerahmt. Es trägt sich in Selbsthaltung und eilt nicht davon.

Während der gesamten Pirouette bleibt der Reiter im lockeren aufrechten Dreipunktsitz. Trotz Aktivierung der Hinterbeine bleibt der Pferdekörper durch den gestreckten Sitz fixiert. Die erzeugte Energie wird mit dem Sitz in vermehrte Tragkraft umgewandelt. Der Reiter fühlt in der schwunglosen Bewegung das deutliche Abfußen beider Hinterbeine unter dem Sitz. Vor dem Reiten einer Schrittpirouette kann auch Trab oder Galopp geritten werden. Sofort nach Beendigung der Pirouette wird das Pferd in der zuvor gerittenen Gangart wieder vorwärtsgeritten.

Eine weitere Abwandlung der Schrittpirouette ist die Hinterhandwendung. Sie beginnt mit einer ganzen Parade. Einige Sekunden verharren, dann reitet der Reiter einen Schritt vor und beginnt mit der Einleitung einer halben Pirouette. Den Abschluss bildet erneut eine ganze Parade. Hinterhandwendungen erfordern mehr Perfektion und schnellere Umsetzung der Reiterhilfen. Besonders gut gelingen sie bei Pferden mit hoher Selbsttätigkeit, die also von Natur aus ein aktives Hinterbein und „Frische" mitbringen. Andere Pferde werden durch korrekte Hilfengebung und viele Übergänge motiviert, die Hinterhand aktiv zu halten.

Die Galopppirouette ist in Linienführung und Hilfengebung ähnlich. Der Sitz des Reiters bleibt in gleicher Position, die Einwirkung kommt nun aus dem Galopprhythmus. Dabei wirkt der äußere Schenkel stark begrenzend. Mit dem inneren wird durch leichtes Treiben am Gurt immer wieder neu angaloppiert. Er hält das Pferd im Fluss, ohne dass es sich dabei vorwärtsbewegt. Der Sitz des Reiters ist ausschlaggebend: Er wirkt zentrierend und hält die Hinterhand mit Kreuz- und Baucheinwirkung auf einem kleinen Kreis.

Durch sauber eingesetzte Hilfen Reflexe beim Pferd auslösen! Dann sind Wenden der Vorhand, Tanzen der Hinterfüße und Selbsthaltung einfach zu absolvieren!

Trainingserfolg

Während der Pirouette tritt das Pferd rhythmischer und erhabener. Bei gleichmäßiger Längsbiegung nimmt es mehr Gewicht auf der Hinterhand auf. Selbsthaltung, Hankenbeugung, die Versammlungsfähigkeit werden verbessert. Indem die Vorderbeine weit und erhaben vor- und seitwärtsgreifen, gymnastiziert das Pferd seine Schulter. Der gesamte Körper arbeitet in vollkommener Losgelassenheit unter dem Schwerpunkt des Reiters. Die Balance zwischen Vor- und Hinterhand samt Reitergewicht wird optimiert. Die Hilfen für das Kurzkehrt werden zügig, aber ohne Hast hintereinander verlangt. Für den Reiter heißt das, dass er mit komplexeren Zusammenhängen der Hilfengebung konfrontiert wird. Er lernt, gleichzeitig die Schulter des Pferdes zu dirigieren und die Trittlänge bei aktivem Hinterbein zu verkürzen. Dies kann so weit reichen, dass diese nahezu piaffierend abfußen.

Fehler und Lösungen
- Ausfallen der Hinterhand: Vor der Einleitung des Kurzkehrts die Hinterhand durch traversartiges Reiten auf die äußeren Hilfen aufmerksam machen.
- Die Pirouette wird zu klein oder zu groß: Die Geschwindigkeit jedes Trittes muss unter Kontrolle sein, das Gleichmaß in Takt und Fluss bleibt erhalten. Die Größe ist je nach Ausbildungsstand zu wählen.
- Die Vorhand kann nicht gewendet werden: Aus dem Schulterherein in die Pirouette, mit deutlichem Schultervor beenden.
- Der Rhythmus geht verloren, zu eilig, zu träge: Die Pirouette größer reiten und das Pferd durch deutliches Vortreiben auffordern, im gleichmäßigen Takt vor dem Schenkel des Reiters zu bleiben, dabei die Pirouette in vier Viertel teilen und nur kurze Sequenzen fordern, dazwischen immer wieder nach vorn reiten. Aus dem Schultervor in die Lektion hineinreiten.
- Die Hinterbeine bleiben stehen: Zu viel Handeinwirkung, falsch dosierte Paraden, viel mehr im Schrittrhythmus des Pferdes treiben.
- Stellung und Biegung gehen verloren: Die Pirouette größer anlegen und die Schulter immer vorausführen. Bei Biegungsverlust die Übung beenden, zurück zur Basis (Zirkel, Volten und Seitwärtsreiten).
- Die Linie wird verlassen, Wendung um die Mittelhand: Das Pferd ist nicht an und vor den Hilfen. Durch Seitwärtsreiten das Pferd auf die einseitige Schenkelhilfe aufmerksam machen. Durch Reiten einer Viertelpirouette und sofortigem Anreiten daraus in eine höhere Gangart das Pferd vor den Sitz bringen.

Gut zu erkennen: Beim Kurzkehrt kreuzen nur die Vorderbeine, die Hinterbeine treten im Takt mit.

Je lockerer das Pferd ist, desto schneller und williger lernt es alle Lektionen!

Hinführung zur richtigen Versammlung

- **Ganze Pirouette:** Beginnen als Arbeitspirouette auf einem deutlich größeren Radius. Abstellung und Biegung bleiben gleich mit leichter Vorauswendung der Vorhand. Erst mit dem Verkleinern beginnen, wenn Rhythmus und Schwung sicher erhalten bleiben.
- **Auf jeder geraden und auch freien Linie:** Immer die Pirouette schulterhereinartig einleiten und auch so wieder herausreiten, dabei die Gangart auffrischen!

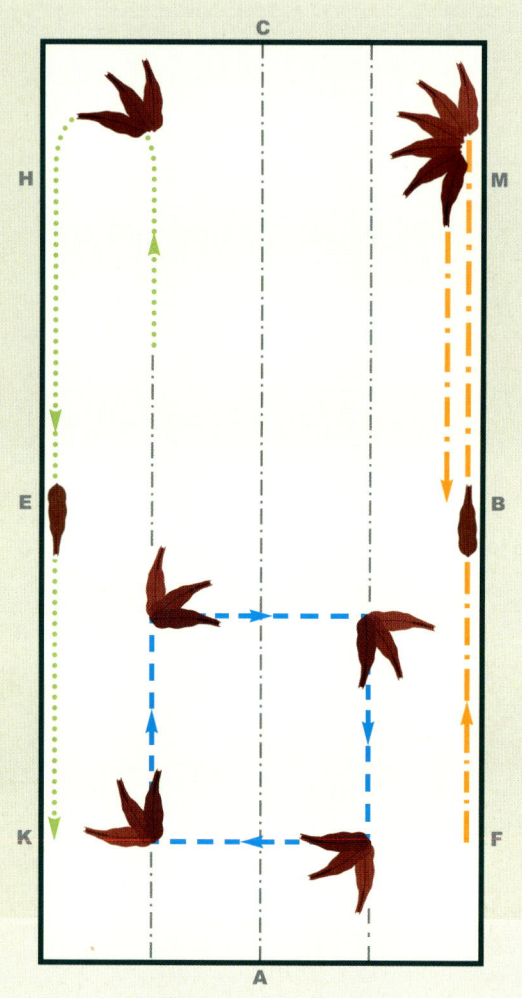

Blaue Linie: die Quadratpirouette
Grüne Linie: Viertelpirouette zur Bande hin
Orangefarbene Linie: Kurzkehrt als halbe Pirouette, kann auch größer angelegt werden

Mein Rat zum Erfolg

Beim Erarbeiten der Pirouette achte ich auf die logische Abfolge der Schwerpunkte:

1. Begreifen der Linie, durch Quadratpirouetten vorbereiten.
2. Schulterhereinartig einleiten und auch so wieder herausreiten (siehe Folgekapitel).
3. Große Pirouette: Arbeitspirouetten reiten und die Hinterbeine erfühlen.
4. Hinterhand bewachen und fleißig machen – dann kleineren Radius reiten.
5. Warten, bis die Figur zu Ende geritten ist.
6. Vorbereitung zur Galopppirouette für Reiter und Pferd durch Kurzkehrt innerhalb des einfachen Wechsels.

Diese Übung hat nachhaltige Wirkung auf die Hilfengebung und Koordination des Reiters. Den Sitzmittelpunkt zu erfühlen ist ebenso wichtig wie die vom Sitz unabhängig getragene Hand. Bei richtiger Ausführung genügt es, Impulse zu setzen, positive Körperspannung zu halten und die einrahmende Hand zu tragen. Oft wird vergessen, die Hinterhand rechtzeitig heranzuschließen – dann kann die Übung nicht gelingen. Richtige Vorbereitung in der zuvor gerittenen Gangart und halbe Paraden sind Grundlagen für die Qualität der Pirouette.

Variationen

- **Die Quadratpirouette:** Gestartet wird mit dem Kopf in Richtung Bande. Dabei wird an jedem möglichen Platz nur ein Viertel der Pirouette geritten und daraus gerade weitergeritten. Dann folgt wieder ein Viertel und so weiter. Versammlung und Vorwärtsreiten wechseln sich ab und halten das Pferd agil und aufmerksam.

Die Seitengänge

Effektive Trainingspunkte sind die Seitengänge, die mit Stellung und deutlicher Längsbiegung auf zwei oder mehr Hufschlägen geritten werden. Die Seitengänge erhöhen die Beweglichkeit des gesamten Pferdekörpers. Man reitet sie nicht zum Selbstzweck, sondern weil sie einige der wichtigsten gymnastizierenden Übungen sind. Dabei wird die gekreuzte Bauchmuskulatur gestärkt, was wiederum positive Auswirkungen auf die Entlastung der Rückenmuskulatur hat.

Gleichzeitig wirkt diese Arbeit positiv auf Schulter und Hüfte, indem sie die Beweglichkeit dieser erhöht. Der gerade richtende Effekt fördert die Tragkraft des inneren Hinterbeins deutlich, die Schulter kann freier und elastischer gesetzt werden. Auch das Kreuzen des äußeren Hinterbeins über das innere bewirkt eine gezielte Gymnastizierung der Hanken und verbessert damit die Tragfähigkeit und die Schwungentfaltung.

> Paradox, aber: Reiten in der Biegung fördert die Geraderichtung.

Das Reiten von Travers, Renvers und Traversalen hat also viele positive Auswirkungen auf den Körper und die Gesundheit des Pferdes. Eingesetzt werden diese Seitengänge auch bei Pferden, die Schwächen in der Losgelassenheit haben. Mit ihnen kann man gleich drei Fliegen mit einer Klappe schlagen: Körperbewusstsein fördern, Lösen und Gymnastizieren sowie Versammeln. Wie dies genau aussehen kann, dazu wird im abschließenden Trainingsplan noch eingegangen.

Schultervor – Reiten in Stellung

Das Geraderichten ist die elementarste Übung, die ein Reiter unablässig bearbeiten muss, denn das Pferd ist von Natur aus schief! Lassen wir die Schiefe, wie sie ist, dann dürfen wir nicht auf dem Pferderücken sitzen. Wollen wir das Pferd jedoch reiten, müssen alle vier Beine gleichmäßig belastet werden und die Hinterfüße genau der Spur der Vorderfüße folgen. Erst dann ist das Pferd gerade gerichtet.

Die „Zauberübung" für die Geraderichtung ist das Schultervor. Dabei wird die schmale Vorhand gleichmäßig auf die breitere Hinterhand eingestellt, indem die Schulter mit dem inneren Vorderbein auf eine Linie mit dem inneren Hinterbein gebracht wird. Was sich zunächst wie eine Selbstverständlichkeit anhört, stellt sich bei näherer Betrachtung als ein Arbeiten entgegen einer physiologischen Grundgegebenheit heraus: Von Natur aus läuft das Pferd mit einer natürlichen Schiefe nach rechts oder links.

Wird diese nicht ausgeglichen, ist das diagonale Vorderbein zu stark belastet. Der gegenüberliegende Hinterfuß tritt dann nicht unter den Schwerpunkt, sondern seitlich daneben. Ohne entsprechende Korrektur führt die Schiefe dazu, dass sich das Reitergewicht ungleichmäßig verteilt. Werden jedoch durch abgestimmtes Training alle vier Beine gleichmäßig belastet, kann das Pferd sein Gewicht und das des Reiters optimal ausbalancieren. Es erleidet somit weniger Verschleiß an seinem Bewegungsapparat und im Rücken. Das ist in der heutigen Zeit mit unseren ganggewaltigen, großrahmigen Pferden überaus wichtig!

Ist das Pferd im Schultervor gerade gerichtet, kann mit dem Reiten von Seitengängen begonnen werden. Aus der Gymnastizierung des gerade gerichteten, gebogenen Pferdes entsteht die schonende Versammlung.

Hinführung zur richtigen Versammlung

Voraussetzung
Das Pferd steht an den Hilfen des koordinierten Reiters. Der Reiter kann seinen Sitz und die daraus resultierende Einwirkung bewusst steuern.

Bei der zweiten Stellung – hier als Konterübung geritten – muss das äußere Hinterbein in Richtung zwischen die Vorderbeine fußen.

Lektionsbeschreibung
Entwickelt wird das Schultervor aus dem Reiten in Stellung: Die erste Stellung wird bei gleichmäßiger Längsbiegung auf einem Hufschlag geritten. Dabei wird der innere Hinterfuß vermehrt unter den Schwerpunkt gesetzt. Der Reiter treibt diesen rhythmisch beim Abfußen in Richtung der Vorderbeine nach. Gleichzeitig hält er eine sichere Verbindung von seiner Schulter über die Hand bis zu beiden Zügeln. Innen wird so nachgetrieben, dass das innere Hinterbein in die Hand des Reiters hineinschwingt und dieser es dort erfühlen kann. Der äußere Schenkel verwahrt die Hinterhand.

Bei der zweiten Stellung bleibt das Pferd in Längsbiegung wie zuvor. Sie wird auf einem Hufschlag geritten. Das äußere Hinterbein wird beim Abfußen mit dem äußeren Schenkel auf der Hufschlaglinie fixiert und vermehrt unter den Schwerpunkt nachgetrieben. Der innere Schenkel achtet auf das Vortreten des inneren Hinterbeins in Richtung des inneren Vorderbeins. Wichtig sind dosiertes Treiben des Reiters aus dem gedrehten Sitz, das Durchschwingen mit der eigenen Hüfte und eine gleichmäßige Anlehnung an beiden Zügeln. Diese nimmt am inneren Zügel ab, sobald das Pferd in Stellung und Biegung geht.

Haben Reiter und Pferd diese Übungen verstanden, können sie mit dem Schultervor beginnen. Dieses wird auf einem Hufschlag geritten und setzt sich zusammen aus der ersten und zweiten Stellung. Die Pferdeschulter wird mit dem gedrehten Sitz, dem äußeren anliegenden Oberschenkel und beiden leicht getragenen Zügeln vor die innere Reiterhüfte genommen. Dabei befindet sich das äußere Vorderbein optisch in der Mitte des Hufschlags und das innere auf dem inneren Hufschlagrand.

Der Reiter hat durch die Vorarbeit in erster und zweiter Stellung ein optimales Bewusstsein für die Hinterfüße entwickelt. Er kann nun das Pferd mit

Korrektes Schultervor mit aktivem Hinterbein.

den Hinterbeinen schmal wie auf einem Schwebebalken fußen lassen. Während des Geraderichtens schließt sie der Reiter so heran, dass das Pferd kürzer wird, aber seine Längsbiegung nicht verliert. Achtung: kein vermehrtes Abknicken oder Abstellen des Halses! Die Schulter wird mit dem äußeren Zügel am Widerrist fixiert.

Jeder Reiter sollte jetzt die nochmalige Verbesserung der Brückenfunktion des Rückens bemerken. Sind die Hinterbeine aktiviert, fließen die Bewegungen von hinten nach vorn an die ruhige Reiterhand heran. Sowohl beim Zulegen als auch beim Verkürzen im Schultervor heißt es nun, taktmäßig und fleißig unter den Schwerpunkt zu arbeiten. Um mit Steinbrecht zu sprechen: „Reite dein Pferd (im richtigen) Vorwärts und richte es gerade."

> Achten Sie auf einen ausbalancierten Drehsitz, damit das Pferd immer unter den Schwerpunkt fußen kann.

Trainingserfolg

Durch das Reiten in Stellung werden die Hinterbeine einzeln, erst innen, dann außen, gymnastiziert und auf die spätere Lastaufnahme der versammelnden Lektionen vorbereitet. Wie bei allen Seitengängen wird das Pferd optisch kürzer, die Hinterbeine „tanzen", seine Schulter hebt sich und das Pferd lässt sich spielend einfach wenden – wie ein Pkw mit Servolenkung. Je weiter das Pferd unter Berücksichtigung der Ausbildungsskala in die Versammlung geführt wurde, desto sensibler und aufmerksamer reagiert es auf die Hilfen des Reiters.

Je weniger Kraft der Reiter einsetzen muss, desto weniger Kraft verbraucht das Pferd. Dies ist ausschlaggebend für die Erarbeitung schwerer Lektionen.

Der in der weiteren Ausbildung geforderte höhere Versammlungsgrad (Piaffe, Passage, Pirouetten oder die ganze Parade auf der Mittellinie aus dem Galopp) hat seine Grundlage im Schultervor. Nach der richtigen Vorbereitung im Schultervor gelingen die Übungen „von allein", wie etwa ein balancierter Mitteltrab oder auch ein gesetztes Kurzkehrt. Tempowechsel in der Lektion bringen Schwung und Frische in die gerade richtende Arbeit. Die Pferde gewinnen an Ausstrahlung und behalten Freude bei der Arbeit.

Mit einem so weit ausgebildeten Pferd wird die Harmonie in der Bewegung zu einem unvergesslichen Erlebnis. Ein ausgesprochen geschmeidiges Reitgefühl entsteht, denn das Pferd kann und wird seinen gesamten schwingenden Körper benutzen.

Fehler und Lösungen

- Ausfallen der äußeren Schulter: Mehr äußere Hilfen. Äußeren Oberschenkel eindrehen, Knie zu, mit der inneren Hand nachgeben, das Pferd besser einrahmen.
- Zu viel Abstellung: Zu viel innerer Zügel, innen nachgeben, das Pferd mit dem Sitz einrahmen.
- Keine Biegung: Zurück zur Zirkelarbeit sowie zur ersten und zweiten Stellung.
- Das Pferd läuft nach vorn heraus: Reiter sitzt schief. Ohne Bügel reiten, Schwerpunkt erfühlen, ruhiger Sitz, weniger, aber gezielter treiben, mehr mit dem inneren Schenkel diagonal in Richtung des äußeren Zügels treiben.
- Schiefes Pferd: Zu viel einseitiger Schenkel. Weniger Abstellung, bis das Pferd im Fluss bleibt, mehr mit der Wade einrahmen.

„Weniger ist mehr" ist einer meiner wichtigsten Grundsätze in der Ausbildung! Genaueres Reiten und Erfühlen der Hinterbeine!

Variationen

- Auf der ganzen Bahn, dem Zirkel oder Mittelzirkel, der Mittellinie, der Fünfmeterlinie: Immer an das Schultervor denken und das innere Hinterbein fühlen.
- Auf der ganzen Bahn und auf dem halben Zirkel: Auf der Geraden aus der Ecke heraus schwungvolles Schultervor reiten, dann Mitte der Bahn auf den Zirkel abwenden und das Pferd in erster und zweiter Stellung mit tieferer Halseinstellung reiten. Das Pferd in der Dehnungshaltung locker biegen.
- Konterschultervor, Schultervor Richtung Bande: Ist sehr wirksam bei Pferden, die zu stark auf die Hand kommen. Das Bewusstsein von Reiter und Pferd für die äußeren Hilfen wird geweckt, dabei geht das Pferd in Außenstellung und -biegung mit der Vorhand am äußeren Hufschlag. Die Hinterhand wird mit dem äußeren Schenkel am inneren Hufschlag fixiert.
- Schwungvolles Durchreiten einer Ecke im Schultervor: Das Pferd deutlich auf die inneren Hilfen aufmerksam machen. Hinein in die Ecke bei verwahrenden äußeren Hilfen mit dem inneren Schenkel. Da sofort die Schulter wenden und mit dem äußeren Schenkel wieder aus der Ecke heraus.
- Vor, während und nach dem Kurzkehrt Schultervor reiten: Jede Einleitung zu einer Lektion erfolgt im Schultervor. Auch während dieser Übung wird daran gedacht. Meistens wird die Vorbereitung durch Schultervor vergessen, dann klappt die Lektion nicht.

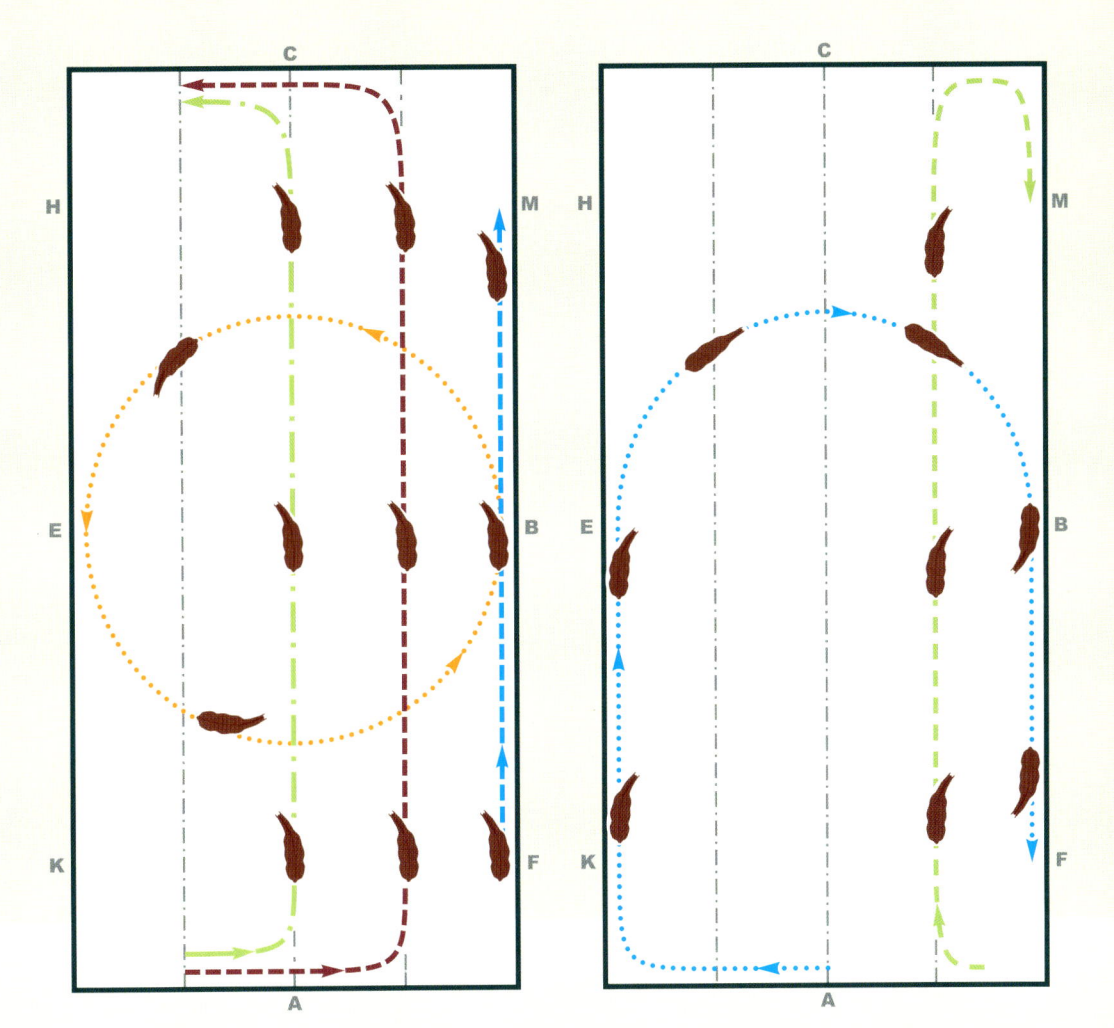

Blaue Linie: Schultervor auf der ganzen Bahn
Grüne Linie: Schultervor auf der Mittellinie
Orangefarbene Linie: Schultervor auf dem Mittelzirkel
Lilafarbene Linie: Schultervor auf der Fünfmeterlinie

Blaue Linie: Schultervor auf der ganzen Bahn, dann auf den halben Zirkel abwenden, geradehalten und dann Schultervor weiter
Grüne Linie: Schultervor als Konterübung

- Aus dem Schultervor in die doppelte halbe Volte und zurück zum Schultervor: Wechsel von starker Längsbiegung und Lockerung und gerade richtendem, versammelndem Training.
- Schultervor auf der Mittellinie – die Acht (Volte links, Volte rechts) – Schultervor auf der Mittellinie zur anderen Seite: Gerade richtende Arbeit auf einer freien Linie im Wechsel mit zwei Volten mit Handwechsel. Daraus wieder Schultervor auf freier Linie. Der Reiter wird an seine äußeren Hilfen erinnert und bemerkt seinen Fehler sofort, wenn er die Linie nicht halten kann.

Hinführung zur richtigen Versammlung

- Für Fortgeschrittene: Traversalen im Schultervor: Bei den Trainingstraversalen wird die Vorbereitung im deutlichen Schultervor begonnen. Auch während der Traversalübung in gutem Fluss mit deutlich vorgenommener Pferdeschulter bleiben. Dabei immer an Schultervor denken und es auch reiten!

Mein Rat zum Erfolg

Sobald Sie auf dem Pferderücken Platz nehmen, ist es Ihre Aufgabe, die Statik des Pferdekörpers neu zu ordnen. Von immenser Bedeutung ist dabei der Ausgleich der natürlichen Schiefe. Daher reiten und denken Sie unablässig an das Schultervor, sobald Sie auf dem Pferd sitzen. Vergessen Sie nicht, immer erst gerade zu richten und danach das gerade gerichtete Pferd zu biegen, sonst verbiegen Sie Ihr Pferd: Die feste Seite bleibt dann fest und führt am Hinterbein zum Verschleiß von Knie und Fessel. Ebenso ist auch die angeblich lockere, hohle Seite höchst gefährdet, denn diese ist die schwache Seite, bei der es durch Fehlbelastung aus der Schiefe heraus zur Schulterlahmheit kommen kann.

Reiten in Stellung mit aktiviertem innerem Hinterbein ist somit die erste Übung, die Sie täglich reiten sollten, sobald Sie aufgesessen sind. Schon in der einfachen schultervorartigen Form wird diese Lektion Reiter und Pferd bewusst machen, wann und wohin das innere Hinterbein fußen soll. Das Pferd sollte nun immer in korrekter Stellung und Biegung gehen. Ich reite alle Pferde, egal in welchem Ausbildungsstand, immer mit einer leichten schultervorartigen Längsbiegung, damit ich jederzeit darauf vorbereitet bin, Lektionen gut und korrekt auszuführen. Schulterherein auf der Mittellinie, Mittelgalopp aufnehmen auf der Fünfmeterlinie, Schritt- und Galopppirouetten auf der Mittellinie oder aus dem Schultervor

anpiaffieren gelingen dann sofort. Ich habe festgestellt, dass ich so in wesentlich kürzerer Trainingszeit die gerade richtende und versammelnde Arbeit auf einfache Weise optimiere. Mit wenig Aufwand erreiche ich das jeweilige Trainingsziel, ohne die Pferde zu überlasten.

Denken Sie an ein Fitnessstudio: Dort werden auch alle Bewegungen sorgfältig und zielgerichtet erarbeitet. Beginnend mit wenigen Wiederholungen, wird die Muskulatur gefordert, aber nicht überfordert. Bei falscher Ausführung sind Überlastungen und Entzündungen im Bewegungsapparat bis hin zu chronischen Schmerzen die Folge.

Langsam mit der Geraderichtung beginnen. Pausen im Training machen, aber stetig, Woche für Woche, die Hinterbeine auf die langsam ansteigende Versammlung (Galopp – Halten – Piaffe) vorbereiten. Dazu sollten Sie diese Übungen intervallmäßig abfragen: Geraderichten im Wechsel mit Lösen, Tempowechseln und Pausen.

> Das Schultervor muss wochen-, monate- und jahrelang geritten werden. Es ist das beste Training, um die natürliche Schiefe auszugleichen sowie Schulterfreiheit und Bewegungen geschmeidig zu erhalten.

Schulterherein und Konterschulterherein

Das Schulterherein gilt als Mutterlektion der Versammlung und aller Seitengänge. Sowohl Reiter als auch Pferd erreichen mit ihr die „Gymnasialreife". Ab jetzt sollte täglich mit dieser Lektion in mehr oder weniger Abstellung gearbeitet werden. Es ist interessant, wie diese zentrale Übung eine Reitstunde verändern kann. So ist ein Pferd vor dem Schulterherein meist mit deutlich weniger Schwung und Gang ausgestattet als danach. Probieren Sie es aus!

Während eines Lehrgangs erinnerte ich mich an diese Lektion als Konterübung und konnte damit sehr schnell die Aufmerksamkeit aller Reiter und Pferde gewinnen. Das oft vergessene Konterschulterherein an der langen Seite brachte zur Freude aller Teilnehmer sofort verbesserte Durchlässigkeit, Bereitschaft zur Lastaufnahme und Selbsthaltung.

Alle Übungen, die ich daraus entwickeln ließ, gelangen wie von Zauberhand. Besonders bei der Arbeit im Handgalopp, Kontergalopp und dem fliegenden Wechsel sah ich konzentrierte, mitarbeitende Pferde. Die Reiter konnten diesen deutlichen Fortschritt spüren, ihre Pferde wurden zu kooperierenden Partnern. Dafür benötigten wir nur rund eine halbe Stunde. In dieser Zeit gelang es uns, die Pferde mit strukturiertem Aufbau ohne viel Aufwand einen großen Schritt weiterzubringen. Die Reiter haben deutlich die Vereinfachung der Hilfen bemerkt. Sie erlebten mit wenig Anstrengung ohne Kraft eine gelungene Reitstunde und konnten diese mit dem gleichen Konzept zu Hause wiederholen.

Voraussetzung

Das Pferd lässt sich auf gebogenen Linien willig arbeiten und kennt das richtige Durchreiten der Ecken. Die Arbeit im Schultervor wird in korrekter Form gezeigt. Im frischen Vorwärts, bei mäßiger Abstellung in Hals und Kopf, lässt sich das Pferd um den inneren Reiterschenkel biegen. Es zeigt dabei gute Rückentätigkeit, ein leichtes Genick und ein aktives Maul. Die Hinterbeine folgen genau der Spur der Vorderbeine. Der Reiter verfügt über einen ausbalancierten Dreipunktsitz, er kann also mit allen Körperteilen getrennt einwirken und ruht in sich. Sein Gefühl ist so weit ausgebildet, dass er das Abfußen des Hinterbeins spürt.

Lektionsbeschreibung

Die vermehrt versammelnde Arbeit im Schulterherein beginnt. Das Schulterherein wird im Vergleich zum Schultervor mit vermehrter Stellung, Aufrichtung und Biegung geritten. Es richtet sich in seiner Intensität nach dem Grad der Abstellung. Das Pferd geht entweder auf drei (30 Grad) oder vier Hufspuren (45 Grad). Je größer der Grad der Abstellung und Längsbiegung ist, desto mehr Last muss das innere Hinterbein aufnehmen.

Beim Reiten auf drei Hufschlägen wird die Vorhand so weit in die Bahn genommen, bis das äußere Vorderbein dem inneren Hinterbein in einer Spur vorausgeht. Beim Reiten auf vier Hufschlägen gehen das äußere Vorderbein und das innere Hinterbein jeweils in einer eigenen Hufspur. Das äußere Vorderbein fußt dabei in der zweiten Spur und das innere Hinterbein in der dritten. Unabhängig vom Grad der Abstellung bewegen sich beide aktiven Hinterbeine auf einem Hufschlag nahezu geradeaus und kreuzen nicht! Die Vorderbeine dagegen kreuzen leicht bei gutem Vorwärts.

Vor der Lektion wird das Pferd mit halben Paraden aufmerksam gemacht und mit dem fleißig vortretenden Hinterbein kurz in alle Hilfen eingeschlossen. Der stets im Gleichgewicht sitzende Reiter belastet beim Abwenden in das Schulterherein kurz den inneren Gesäßknochen, als wollte er eine Volte einleiten. Sobald das Pferd hereinwendet, sitzt er im Moment der halben Parade mit dem Oberbauch gegen die Bewegung. Gleichzeitig hält er die Balance im Dreipunktsitz. Die innere Hüfte schwingt parallel zur Hüfte des Pferdes zusammen mit dem inneren Hinterbein vor.

Der Reiter sitzt sehr aufrecht, bei leichter Anspannung der oberen Bauchmuskulatur: „Bauch

Hinführung zur richtigen Versammlung

Aus dem Schultervor lässt sich die Abstellung leicht bis ins Schulterherein steigern.

vor" oberhalb der Reithose. Die Schultern des Reiters sind parallel zu den Schultern des Pferdes, indem der Reiter seine innere Schulter leicht zurücknimmt.

Das diagonale Nachtreiben mit dem inneren Schenkel an den aushaltenden äußeren Zügel und der aufrechte Sitz wandeln den Schub in Tragkraft um. Gleichzeitig werden die Schulter und die Längsbiegung vom äußeren Schenkel, dem Oberschenkel und dem äußeren Zügel begrenzt. Der innere Schenkel – am Gurt – hält das innere Hinterbein fleißig im Vortritt unter den Schwerpunkt. Außerdem sorgt er für ein geschmeidiges Nachgeben im Genick.

Das aufmerksame Pferd befindet sich in Innenstellung und -biegung. Es wird vom Reiter mit beiden Zügeln und dem äußeren Oberschenkel auf eine gedachte Achtelvolte hereingewendet. Die Zügelführung ist wie beim Wenden eines Fahrradlenkers: Der äußere Zügel geht in Anlehnung zuerst leicht vor und lässt die Bewegung der Schulter heraus. Währenddessen hält der Reiter das Pferd nach innen gestellt und wird nach dem Hereinwenden sofort am inneren Zügel leicht. Der äußere Zügel fängt das aktivierte innere Hinterbein ab.

Um diese Übung zu beenden, wird die Vorhand mit dem Oberschenkel, der inneren Reiterhüfte, und der vorn am Gurt treibenden Wade auf die Hinterhand eingestellt. Gleichzeitig nimmt der Reiter seine innere Schulter parallel zur Hüfte und sitzt mit dieser kurz gegen die Bewegung. Mit beiden Zügeln wird nun die Schulter in Richtung Hufschlag zurückgeführt. Abschließend wird das Pferd im frischen Schultervor mit Anlehnung auf gerader Linie weitergeritten.

Bei dieser stark biegenden, gerade richtenden und versammelnden Arbeit hat der Reiter stets ein angenehmes, mittiges Sitzgefühl. Er kommt auf dem schwungvollen Pferd angenehm zu sitzen und umschließt mit der Wade den Bauch. Die Verbindung zur Hand bleibt elastisch und leicht.

Aus dem gemeinsamen Schwerpunkt gelingt die Lektion in guter Selbsthaltung.

Alle Trainingseinheiten im Schulterherein sollten nur so lange gefordert werden, wie die Freiwilligkeit und Leichtigkeit in den Bewegungen erhalten bleibt. Häufiges Wiederholen auf kurzen Strecken mit biegender und versammelter Arbeit hat eine positive Trainingswirkung – aber nur, wenn sie abwechselnd mit gutem Vorwärts geritten wird.

Nun noch ein Blick auf das Konterschulterherein und seine Ausführung. Das Pferd wird auf dem dritten Hufschlag geritten und die Vorhand in Richtung Bande abgestellt. Dabei bleiben Längsbiegung, Stellung und Versammlung wie zuvor beim normalen Schulterherein. Die Schenkelhilfen sind der Stellung und Biegung entsprechend, der innere Schenkel (jetzt an der Bande) liegt am Gurt. Der äußere fordert die Aufmerksamkeit des Pferdes durch gelegentliches Treiben. Beim Abwenden in das Konterschulterherein bleibt das Reitergewicht für einen Moment kurz innen, Richtung Bande – dann erfolgt die Hilfengebung wie beim Schulterherein. Konterschulterherein kann auf jeder geraden, bei höherer Anforderung auch auf gebogener Linie geritten werden.

Trainingserfolg

Die besondere Wirkungsweise dieser Übung ist bereits durch die Arbeit im Schultervor erklärt, dem Vorläufer des Schulterhereins. Durch das Schulterherein in verschiedenen Abstellungen erhöhen sich der Biege- und der Versammlungsgrad deutlich. Neben der Tragkraft der Hinterhand (Hankenbiegung) verbessert sich die Bauch- und Rückenmuskulatur sowie die Selbsthaltung des Pferdes. Es geht in relativer Aufrichtung zu seiner Hankenbiegung und trägt sich in positiver Körperspannung. Das Pferd bewegt sich in allen Lektionen geschmeidiger mit mehr Aufrichtung, Kadenz und Versammlung.

Was können wir mit einem gebogenen und gerade gerichteten Pferd erreichen? Es lässt sich schwungvoll nach vorn und ohne Unterbrechung des Flusses zurück aufs Hinterbein reiten. So können wir beispielsweise mühelos aus dem Mitteltrab ins Halten durchparieren oder aus einer Galoppverstärkung in die Galopppirouette wenden.

Im Konterschulterherein lassen sich Gleichgewicht und Versammlung weiter verbessern. Dabei hört das Pferd vermehrt auf den Sitz des Reiters und wird am Schenkelgehorsam gefördert.

Auch beim immer technischer werdenden Springtraining kann das Pferd – geschlossen durch gutes Geraderichten – zuverlässig an schmale Sprünge herangeritten werden.

Fehler und Lösungen

- Unregelmäßigkeiten in Takt und Tempo: Zurück zur Zirkelarbeit, Takt regeln, Losgelassenheit überprüfen.

Hinführung zur richtigen Versammlung

äußerer Zügel, Voltenarbeit. Auf dem Zirkel an der Losgelassenheit im Genick arbeiten, Anlehnung an beiden Zügeln herstellen: Auch die hohle Seite braucht Verbindung. Konterschulterherein an der Bande reiten.

- Zu viel Abstellung: Zurück zum Schultervor, mehr Biegungen reiten.
- Das Pferd führt nur den Kopf herein: Auf eine gleichmäßige Längsbiegung achten, weniger innerer Zügel.
- Tiefes Genick: Weniger Abstellung, Tempowechsel.

> Der größte Fehler ist immer wieder die Überforderung und Ermüdung des Pferdes. Der Reiter muss ein Gespür für die Belastungsgrenze seines Pferdes entwickeln. Er kann diese Lektion immer wieder im Schritt erarbeiten und das Pferd dabei schonen. „Weniger ist mehr." Die Häufigkeit der Wiederholungen langsam steigern!

Das Konterschulterherein kann auch auf vier Hufschlaglinien geritten werden. Die Stellung und Biegung sollte hier ausgeprägter sein.

- Das Pferd wird zu eilig: In eine Volte abwenden, bei Erreichen des Hufschlags neu beginnen.
- Ausfallen der äußeren Schulter: Konterschulterherein reiten, weniger Hand, äußeren Oberschenkel schließen.
- Ausfallen der Hinterhand, des äußeren Hinterbeins: Travers auf der Zirkellinie reiten (siehe Seite 96).
- Die Anlehnung geht verloren, Verwerfen im Genick: Breitere Zügelführung, Hand vor, weniger

Variationen

Mit dem Schulterherein lassen sich viele Kombinationen mit anderen Seitengängen entwickeln:
- Auf geraden Linien: an der Bande, auf der freien geraden Linie, auf der Mittellinie
- Auf gebogenen Linien: Zirkel und Zirkel verkleinern und vergrößern
- Schulterherein durch die Ecken hindurch
- Volten – Schulterherein – Volten
- Kombinationen:
  - Mittelzirkel – an der offenen Seite Schulterherein (Hinterhand bleibt auf der Zirkellinie) –

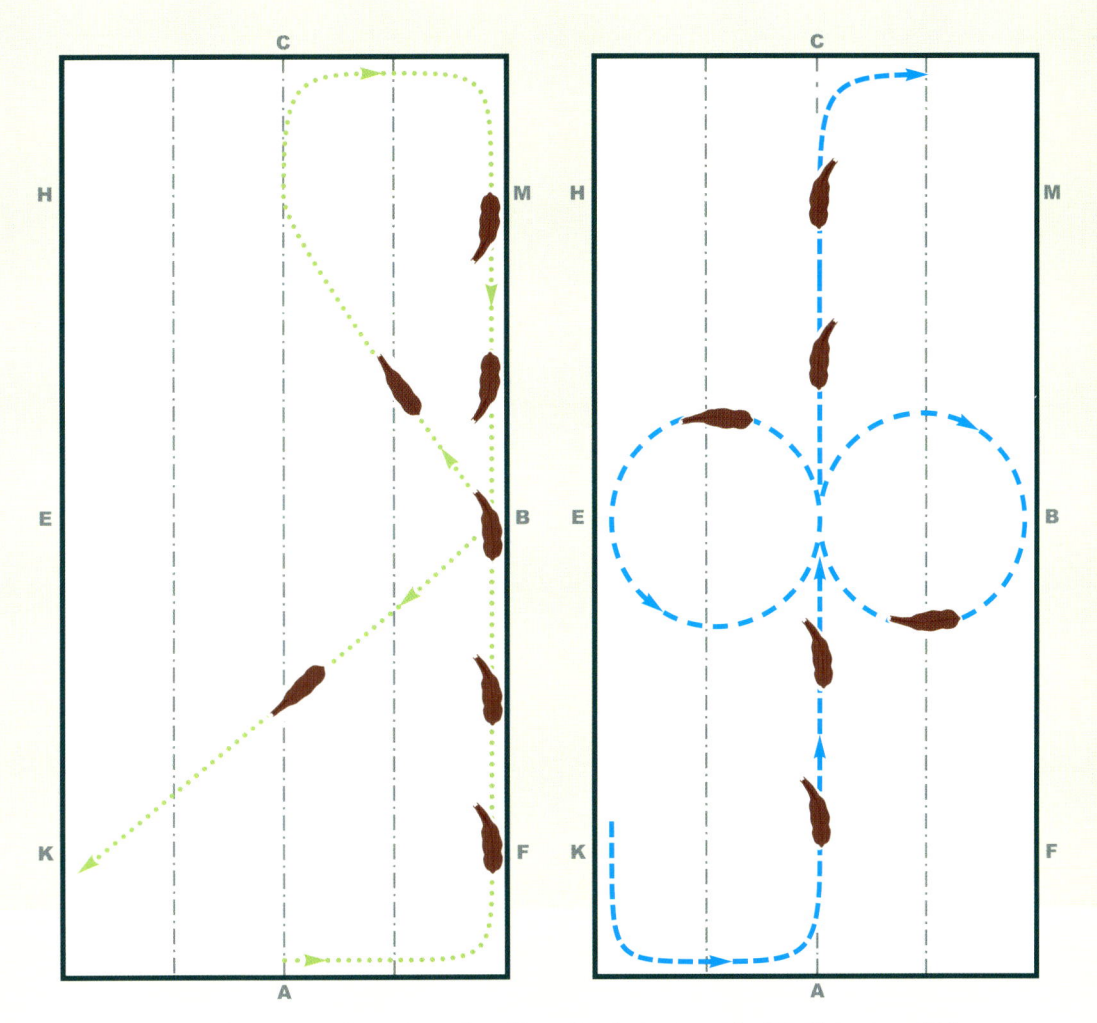

Schulterherein an der langen Seite, daraus Verstärkung bis zur Mittellinie und danach im Schulterherein weiter

Schulterherein auf der Mittellinie mit zwei Volten und Handwechsel

daraus ganze Bahn – halbe lange Seite Schulterherein – wieder einen halben Zirkel anschließen, dabei entspannen – wieder Schulterherein – auf der Diagonalen zulegen

- Auf der freien Linie: mit Schulterherein beginnen – kurze Diagonale – Konterschulterherein
- Schulterherein auf der ganzen Bahn – dann daraus Verstärkungen auf der kurzen Diagonalen

Hinführung zur richtigen Versammlung

Schulterherein mit doppelter halber Volte, danach Schulterherein weiter

Schulterherein mit integrierten Volten

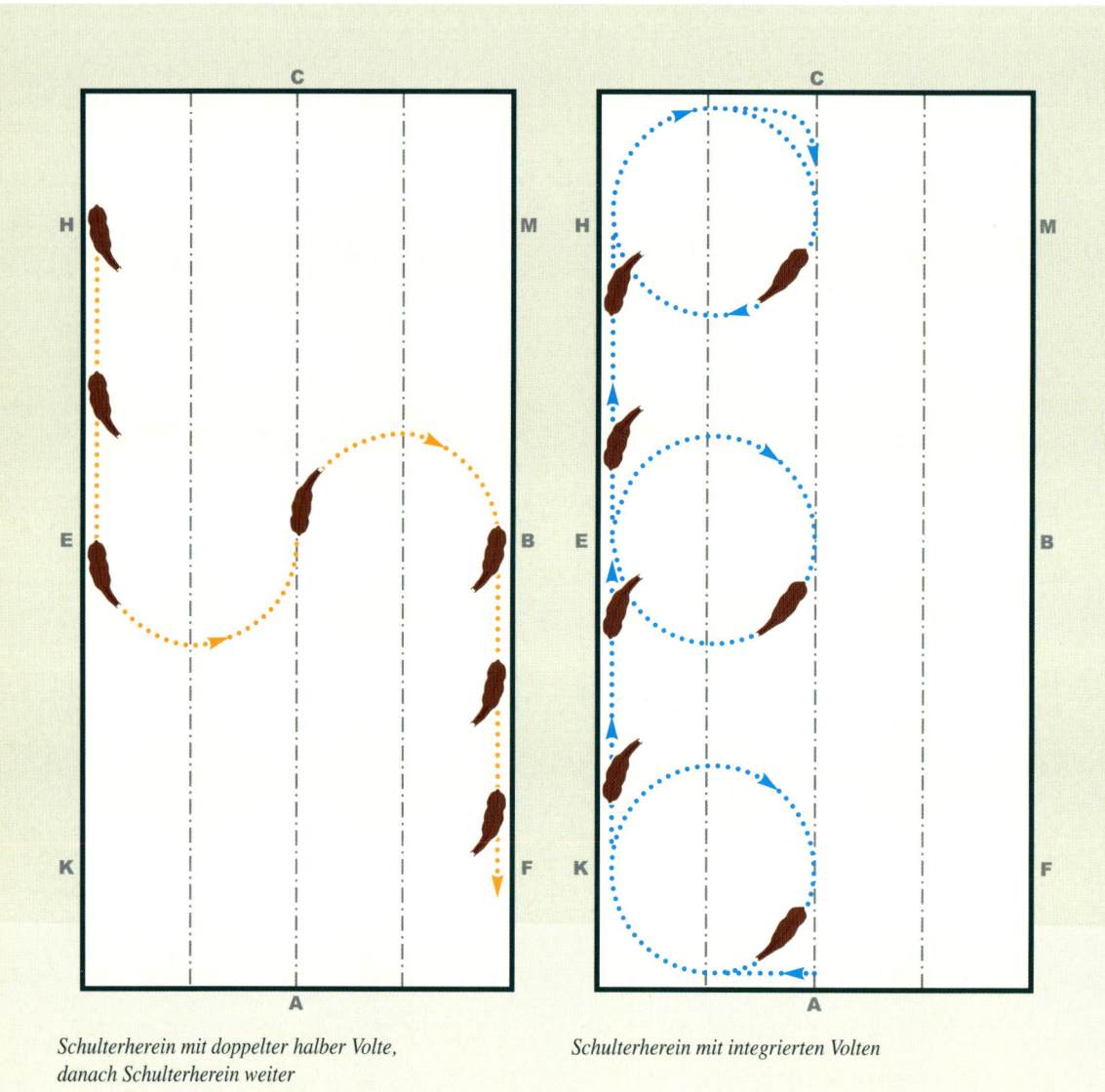

- Auf der Mittellinie: Schulterherein links – Volte links – Volte rechts – Schulterherein rechts
- Schulterherein an der langen Seite – doppelte halbe Volte – Schulterherein
- Schulterherein auf der Mittellinie – halbe Volte – Schulterherein auf dem Hufschlag – doppelte halbe Volte – Schulterherein auf der Fünfmeterlinie
- Schulterherein an der Wand – starker Schritt diagonal – Schulterherein auf der Fünfmeterlinie – auf der Diagonalen Schritt
- In der Ecke eine Volte – daraus Schulterherein – Volte – Schulterherein – Volte – Schulterherein

Schulterherein, dann Kurzkehrt und im Konterschulterherein weiterreiten

- Schulterherein – Kurzkehrt – Konterschulterherein (sehr wirkungsvoll im Galopp); Konterschulterherein durch Aus der Ecke kehrt entwickeln
- Auf der Fünfmeterlinie Konterschulterherein – In die Ecke kehrt – daraus Schulterherein auf dem Hufschlag

Immer klare Aufgaben an das Pferd stellen. Intelligentes Reiten!

Mein Rat zum Erfolg

Bei der Arbeit im Schulterherein merke ich immer wieder, wie wichtig diese Lektion ist, um Reiter und Pferd ein Gefühl für die „Sammlung" zu vermitteln. Um die Aufmerksamkeit zu halten, arbeiten Sie in kurzen Reprisen im Wechsel mit geradegerichteten Verstärkungen und behalten Sie stets den Hintergrund der Lektion im Kopf. In dieser Übung lege ich besonderen Wert auf das absolut geregelte Tempo und den Takt. Ist beides in Ordnung, entzieht sich das Pferd nicht der biegenden und versammelnden Arbeit. Abwechslungsreiches Training von gerade richtendem Schulterherein und lockernder Arbeit auf gebogenen Linien hat sich bewährt, um die Motivation des Pferdes zu erhalten. Treten Probleme auf, sollten Sie sofort zurückgehen zu einer geringeren Abstellung, dem Schultervor oder einer anderen Basislektion. Meist ist es sehr sinnvoll, die Lektion durch Abwenden in eine kurze Diagonale, eine Volte oder einen halben Zirkel zu unterbrechen. Das Pferd kann so kurz entspannen und zur Losgelassenheit, Stellung und Biegung zurückfinden. Mit einem nun wieder kooperierenden Pferd kehren Sie zur versammelnden Arbeit im Schulterherein zurück. Mit einem positiv gestimmten Pferd tritt der Trainingserfolg deutlich schneller ein und bleibt intensiver „haften".

Wichtig: Ohne Überehrgeiz mit unterschiedlicher Belastung und häufigem Handwechsel üben!

Der wunderbare Effekt dieser Übung verwandelt nun das schwungvoll vorwärtsgehende, schiebende Pferd in ein sich tragendes Pferd mit Ausstrahlung. Es tanzt „siegesgewiss" mit dem aufrecht sitzenden Reiter in absoluter Leichtigkeit durch die Bahn. Das Pferd wird zu keiner Zeit in die Versammlung gezwungen, sondern etappenweise und altersgerecht dorthin geführt. Jeden Tag wird es so freudig und willig in seinem „Bodybuilding-Programm" mitarbeiten.

Nach etwa drei bis sechs Monaten Training werden Sie Ihr Pferd nicht wiedererkennen; Pferde mit ursprünglich wenig Hals haben jetzt kräftige Oberhalsbemuskelung. Da sie ihren Kopf und Hals richtig tragen müssen, wächst nun der Hals keilförmig aus dem Widerrist heraus und verjüngt sich Richtung Genick. Die gesamte Oberlinie des Körpers verändert sich positiv.

In meinen Lehrgängen mache ich mir mit der Betrachtung des muskulären Zustandes der Oberlinie ein erstes Bild von der bisherigen Trainingsarbeit mit den Pferden.

Meine Schüler wissen, dass bei Befolgen meines Trainingskonzepts nicht nur Pferde mit wunderschönen Hälsen herauskommen, sondern Reiter und Pferd gleichermaßen täglich mit Spaß bei der Sache sind.

Travers, Renvers und Traversale

Als Zuschauer sieht man bei Seitengängen im Travers und im Renvers ein gut aufgerichtetes Pferd, das sich mit seiner Vor- und Hinterhand auf zwei Hufschlaglinien bewegt. Entgegen des Schulterhereins, bei dem die Schulter in die Bahn geführt wird, bringen wir nun die Hinterhand in unterschiedliche Positionen und Abstellungen. Die Schulter bewegt sich dabei auf einer geraden Linie immer parallel zur Grundlinie.

Alle Arten von Seitengängen helfen uns, die Gymnastizierung, Rückentätigkeit, Tragkraft und Aufrichtung des Pferdes zu verbessern.

Voraussetzungen

Grundlagen des richtigen Travers, Renvers und der Traversalen sind Takt, Losgelassenheit und Anlehnung. Gebogene Linien, Zirkel verkleinern und vergrößern sowie Wendungen auf der Hinterhand können korrekt ausgeführt werden. Das Pferd ist durch versammelnde Übergänge und Tempowechsel in Tragkraft und Aufrichtung entwickelt. Pferd und Reiter haben sich im Schulterherein auf die Seitengänge vorbereitet, die Ausführung gelingt. Die Einwirkungen des Reiters kommen durch und können von ihm passgenau platziert werden.

Lektionsbeschreibung

Das Travers ist eine Seitwärtsbewegung, bei der das Pferd in Bewegungsrichtung gestellt und gebogen ist. Das Tempo ist versammelt, denn so ist es dem Pferd am ehesten möglich, seine Balance zu halten. Die Vorhand wird geradeaus geritten, dabei bleibt der am Widerrist festgestellte Hals fast parallel zum Hufschlag und die Vorderbeine kreuzen nicht im Gegenteil zu den Hinterbeinen. Die Hinterhand wird entsprechend der Längsbiegung auf den zweiten Hufschlag genommen. Das Pferd geht auf vier Hufspuren bei einer maximalen Abstellung von 30 Grad.

Es empfiehlt sich, anfangs immer eine geringere Abstellung zu verlangen, um den Fluss in der Bewegung, die Schulterfreiheit und -beweglichkeit nicht zu stören. Das Pferd fußt mit den Hinterbeinen in schmaler Spur seitlich nach vorn. Mit dem äußeren Hinterfuß tritt es unter den Sitz des Reiters, der innere Hinterfuß bleibt im Vorwärts.

Als dazugehörige Konterlektion gibt es das Renvers. Es ist dem Travers ziemlich ähnlich, aller-

Im Travers wird die Vorhand geradeaus geritten, die Vorderbeine kreuzen nicht. Foto: Horses in Media

Schwungvolles Renvers auf dem dritten Hufschlag. Im Gegensatz zum Travers wird hierbei die Hinterhand geradeaus geritten.

dings wird diesmal die Vorhand mit Stellung und Biegung in Bewegungsrichtung geritten. Die Vorhand geht bei dieser Übung parallel zur Bande in Konterstellung auf dem zweiten Hufschlag. Die Hinterhand bleibt auf dem ersten Hufschlag und fußt in Bewegungsrichtung nach vorn. Das bisherige innere Hinterbein wird zum äußeren, von dem äußeren Schenkel des Reiters seitwärts verwahrend fixiert. Das vorherige äußere Hinterbein wird zum inneren, welches fleißig mit dem neuen inneren Schenkel vorwärts in Richtung des inneren Vorderbeines getrieben wird.

Hinführung zur richtigen Versammlung

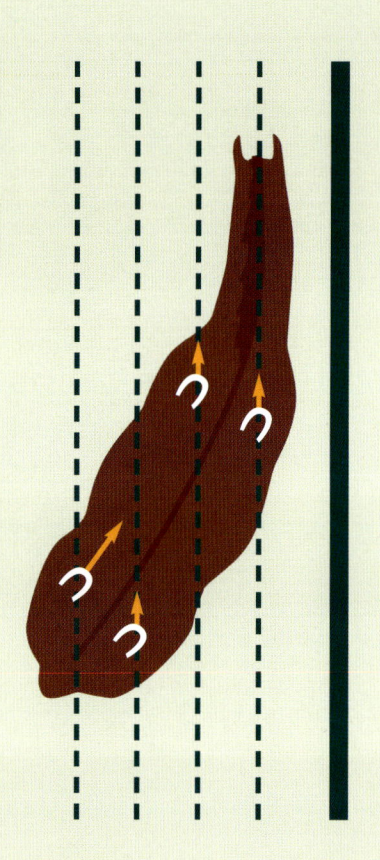

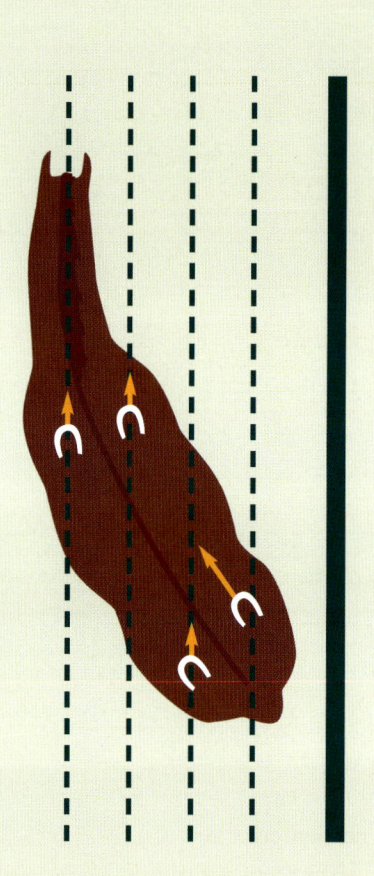

Die korrekte Fußung der Pferde im Travers und Renvers

Bei beiden Übungen sitzt der Reiter zu Beginn der Lektion in Richtung der Innenstellung des Pferdes und belastet kurz den inneren Gesäßknochen. Der innere, am Gurt liegende Schenkel erhält das Vorwärts der Bewegung sowie die Längsbiegung. Außerdem aktiviert er das innere Hinterbein. Bei gleichmäßiger Verbindung beider Zügel zum Pferdemaul wird die Biegung durch leichtes Mitgehen am äußeren Zügel zugelassen. Gleichzeitig verwahrt der äußere Zügel die Schulter und achtet darauf, dass der Hals nicht abknickt, sondern am Widerrist festgestellt ist. Mit weicher Hand wird er so nach innen gestellt, dass das Pferd abkauen kann. Den Abschluss dieser Lektion bildet immer das Einstellen der Vorhand auf die Hinterhand und nicht umgekehrt! Vor, während und nach den Seitengängen bleibt das Pferd am Sitz des Reiters.

> Alle Übungen machen nur dann Freude, wenn das Pferd mitdenkt und durch leichte Signale aufmerksam gehalten wird. Erarbeiten Sie die Traversalen in kleinen Schritten.

Erster Schritt:
Das „kleine" Travers/Renvers
Mit weniger Versammlung, aber in flüssigem Vorwärts geritten, erleichtert es diese Übung, die neue Lektion zu verstehen. Beim kleinen Travers sollen die Hinterfüße mit geringerer Abstellung und in guter Längsbiegung abfußen. Dies wird folgendermaßen entwickelt:

- Leicht vermehrte Abstellung der Hinterhand nach innen auf dem Zirkel, entwickelt aus der zweiten Stellung.
- Travers in leichter Abstellung aus dem Zirkel mit ins Geradeaus nehmen, dabei die Hinterhand mit leichter Abstellung in der Bahn reiten.
- Aus der Kehrtvolte auf die Mittellinie abwenden und dort Travers entwickeln. Die Biegung in der halben Volte verbessern und geradeaus mit der Vorhand ins Travers reiten.
- In die Ecke kehrt und daraus Travers geradeaus. Diese Konterübung zu Aus der Ecke kehrt steigert die Aufmerksamkeit und ist zugleich gute Vorbereitung zur Traversale.
- Schlangenlinien durch die Bahn: Nach dem Umstellen zuerst vorwärtsreiten und dann ins Travers/Renvers abstellen.
- Schulterherein – Renvers – In die Ecke kehrt.

Zweiter Schritt:
Das große Travers/Renvers
Alles wird nun mit vermehrter Biegung, Abstellung und Versammlung geritten. Bei Schwungverlust geradeaus vorwärtsreiten. Dann im kleinen Travers/Renvers mit verringertem Abstellungsgrad im Rhythmus reiten, bis das Pferd willig folgt. Ziel ist weiterhin: Mit wenig Kraft viel erreichen!

Dritter Schritt:
Die kleine Traversale und die Traversale
Die kleine oder Trainingstraversale entspricht einem Travers auf der Diagonalen. Dabei geht das Pferd auf drei Hufschlaglinien. Zu Beginn wird sie mit wenig Abstellung zur Grundlinie – in diesem Fall die Diagonale – geritten, um das Verständnis für den Bewegungsablauf zu festigen. Dabei bewegt sich die Vorhand immer genau auf der Linie in Richtung des Wechselpunkts. Die Versammlung wird – zusammen mit der vermehrt geforderten Längsbiegung und Seitwärtsbewegung – mit der Zeit deutlich stärker. Dann wird sie zur Traversale auf vier Hufschlägen.

Zur Einleitung der Trainingstraversale wird das Pferd aufmerksam am inneren Hinterfuß durch die Ecke geritten. Mit deutlich schultervorartiger Einleitung wird es dann auf die Diagonale gewendet. Sind Reiter und Pferd in der Vorwärts-seitwärts-Bewegung, werden Haltung und Versammlung durch halbe Paraden gesichert.

Hinführung zur richtigen Versammlung

Eine gelungene Traversale: Die Pferdeschulter geht deutlich voraus, Stellung und Biegung weisen in die Bewegungsrichtung.

Takt und Schwung nicht verlieren!

Folgende Übungsabläufe bieten sich zur Festigung von der kleinen Traversale bis hin zur Traversale an:
- Diagonalen im Travers reiten, sich dabei vorstellen, dass die Bande die Diagonale ist. Die Vorhand läuft auf der Diagonalen geradeaus und die Hinterhand wird in Bewegungsrichtung auf den zweiten Hufschlag nach innen genommen.
- Aus der Ecke kehrt in die Traversale hineingleiten: Mit der Vorhand voraus zur Bande reiten, dann die Hinterhand mitnehmen.
- Ausgehend von der Mittellinie aus dem Schulterherein in die Traversale Richtung Bande.
- Durch die ganze Bahn wechseln im Mitteltrab, ab X ins Travers auf der Diagonalen wechseln und den Schwung mitnehmen.

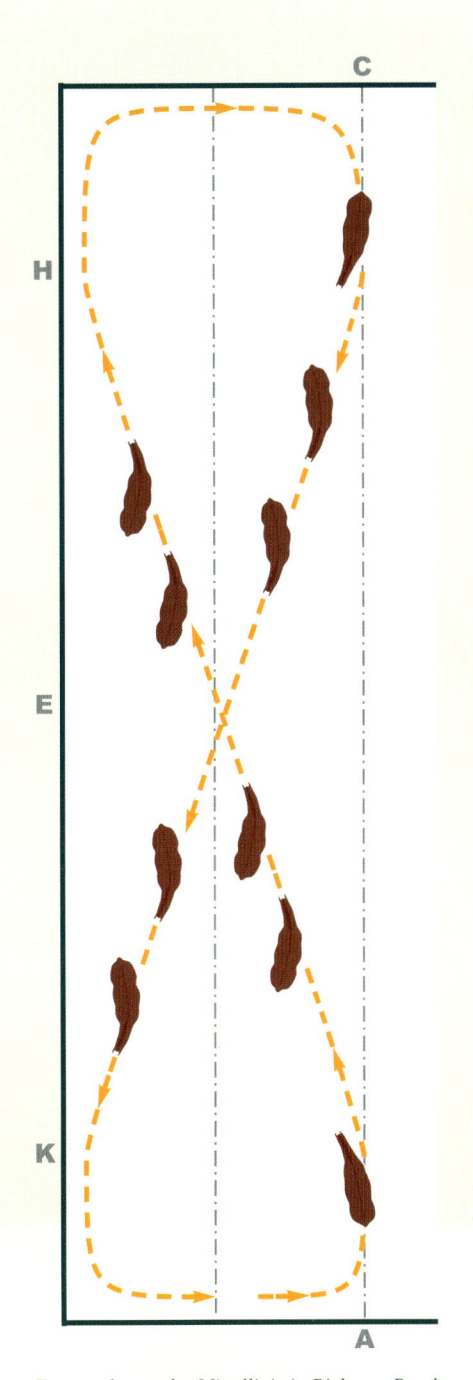

Traversale von der Mittellinie in Richtung Bande

- Im Galopp Zirkel verkleinern bis zur Arbeitspirouette und wieder vergrößern. Auf den Vorwärtsimpuls bei dem Seitengang achten!

Um die Traversale zu beginnen, muss sie der Reiter aus dem gedrehten Sitz mit schwingender Lendenpartie einleiten. Mit einer halben Parade schließt er das Pferd kurz in alle Hilfen ein und macht es aufmerksam. Dann lässt er das Pferd deutlich am inneren Hinterbein im leichten Schultervor fußen, sodass es vor den Hilfen steht.

Ist das der Fall, kann er die Traversale mit Anlehnung an beiden Zügeln einleiten und sofort mit dem äußeren Schenkel aktiv werden. Beim Abfußen gibt der Reiter an das äußere Hinterbein ein Signal zum Vor- und Seitwärtstreten.

Die vorausgehende Vorhand wird durch den äußeren Zügel in der richtigen Stellung begrenzt. Der innere Schenkel bleibt in vortreibender Position und sorgt für die Balance und Vorwärtstendenz in der Gangart. Die Bewegungen werden deutlich versammelter, kadenzierter und ausdrucksvoller. Eilt das Pferd, wird es durch halbe Paraden und gegenhaltende Zügel abgefangen. Zum Abschluss noch einmal das Pferd an das Mitnehmen der Hinterhand erinnern: Mit dem äußeren Schenkel aufmerksam machen und gegensitzen. Die Energie bleibt im bergauf gehenden Pferd und kann etwa in einer Verstärkung entladen werden.

Haben wir die Traversalen gründlich gelernt, werden die Anforderungen gesteigert und die Abläufe variiert. Jetzt werden die Seitengänge trainiert. Aus jeder Seitwärtsbewegung sollte es ein Leichtes sein, jederzeit ins Vorwärts zuzulegen.

Vierter Schritt:
Zickzacktraversalen

Die Zickzacktraversale ist ideal, um einerseits die Abwechslung in den Seitwärtsbewegungen zu erhalten und andererseits die Abläufe zu automatisieren. Sie enthält mindestens einen Richtungswechsel.

Hinführung zur richtigen Versammlung

Bei den Zickzacktraversalen…

Aufmerksamkeit, Durchlässigkeit und Versammlung werden dabei in schneller Folge abgefragt.

Eine einführende Übung ist, von der Bande mehrere Fünfmetertraversalen mit Richtungswechsel zu reiten. Als erhöhter Schwierigkeitsgrad wird die Zickzacktraversale von der Mittellinie zu 5 – 10 – 10 – 5- oder 3 – 6 – 6 – 3- Meter-Verschiebungen entwickelt, also 5 Meter nach links, dann 10 Meter nach rechts und so weiter.

Zunächst wird die Figur im Schritt und Trab geritten. Die Traversalverschiebungen im Galopp werden unterbrochen von fliegenden Galoppwechseln und sind damit recht schwierig. Bei einer Zickzack- oder doppelten Traversale muss der

…folgen die Richtungswechsel unmittelbar aufeinander.

Reiter auf der kurzen Geraden umstellen. Für den Galopp heißt das, dass fliegend gewechselt wird. Wer dabei sein Pferd nicht selbsttätig und vor dem Sitz hat, schafft vielleicht noch den fliegenden Wechsel, sicher aber nicht mehr den Richtungswechsel in die neue Traversale auf kurzem Weg. Die Schwierigkeit in der Zickzacktraversale im Galopp liegt darin, alle Teile der Lektion in schneller Folge zu erfüllen: Eine Traversale abschließen – das Pferd vor sich im Schultervor haben – geradeaus und einen fliegenden Galoppwechsel reiten – umsitzen und gleichzeitig die neue Traversale einleiten. Das Ganze in Balance halten und nicht das Gleichgewicht verlieren!

Alles, was für uns angenehm ist, fällt auch dem Pferd leicht: Ein Ziel ist, mit angespanntem, aber nicht verspanntem Sitz zu reiten. Die positive Körperspannung ist ein entscheidendes Merkmal für den gut sitzenden Reiter und ein korrekt gerittenes Pferd.

Trainingserfolg

Bei der Arbeit in der Traversale wird das Pferd seitlich gedehnt. Es lernt das Beugen der Gelenke und das Tragen auf der Hinterhand bei deutlicher Hankenbiegung. Daraus entfaltet sich deutlich mehr Schwung im ganzen Körper. Alle Ausbildungskriterien können mit der Traversale erarbeitet werden: Rhythmus, Lockerheit, elastische Verbindung zwischen Reiterhand und Pferdemaul, Schwung, Geraderichtung in der Biegung und die vermehrte Tragkraft. Sie ist ein Bodybuilding-Programm erster Klasse, aus dem das Pferd gestärkt und energiegeladen herauskommt.

Traversalen reiten ist eine der schönsten Arbeiten mit dem Pferd, denn die verbesserte Geschmeidigkeit der Bewegungen fühlt sich großartig an. Mit dieser Arbeit wird das Pferd aufbauend auf das Schulterherein in der Versammlung, Längsbiegung und Beweglichkeit sehr gefördert. Der Schwung durch den gesamten Pferdekörper zeigt sich als kadenzierte Bewegung. Die gemeinsame energiegeladene Leichtigkeit in den Lektionen ist ein Genuss!

Der Reiter kann im Zentrum der Bewegung auf breitem, lockerem Gesäß in positiver Körperspannung im Schwerpunkt sitzen. Dabei schwingt er passiv in die Bewegungsrichtung mit. Optimiert werden die Rückentätigkeit und die Körperspannung auch im Pferd, es läuft mit relativer Aufrichtung im verbesserten Schwerpunkt. Das Verhältnis eins zu drei von Vorhand und Hinterhand rückt näher und das Pferd wird somit leistungsfähiger.

Das harmonische Gesamtbild in der Lektion ist nicht nur für den Reiter, sondern auch für den Zuschauer beeindruckend. Die nahezu unsichtbare Kommunikation der Partner wirkt fast wie Gedankenübertragung!

Fehler und Lösungen

- Taktfehler: Weniger Abstellung oder zurück zu Basisübungen wie Volten oder Schulterherein. Dabei neuen Schwung im Schultervor entwickeln.
- Die Hinterhand geht voraus: Mit Schultervor beginnen und auch während des Travers/Renvers oder der Traversale an Schultervor denken. Innere Hand vor- und nachtreiben, weniger Handeinwirkung.
- Verwerfen im Genick: Äußere Hand geht mit und begrenzt leicht, innere Hand geht vor. Erneut auf der Zirkellinie vorbereiten und daraus eine Traversale entwickeln.
- Fehlende Längsbiegung: Weniger mit dem inneren Zügel arbeiten, mit Sitz und Schenkeln das Pferd einrahmen und die Biegung fühlen. Volten reiten.
- Ausfallen über die äußere Schulter: Weniger Abstellung, äußeren Oberschenkel und äußeres Knie anlegen, weniger Handeinwirkung.
- Das Pferd verliert die Balance: Kürzere Reprisen reiten, Vorwärts im Wechsel mit Seitwärts, Zulegen als Unterbrechung.
- Die Hände über dem Widerrist sind zu tief, zu hart: Hände beim Reiten der Volte rechts und links neben dem Widerrist in richtiger Position tragen und überwachen: Ist das Pferd am Sitz und Schenkel?
- In die falsche Bewegungsrichtung sitzen, Einknicken in der Hüfte: Zurück zum Voltenreiten, Schulter parallel zur Pferdeschulter, ohne Bügel reiten, inneres Bein lang machen, innere Hüfte vor.

- Der innere Schenkel liegt zu weit hinten: Schultervor oder Schulterherein reiten und inneren Schenkel vor! Auch Schlangenlinien durch die Bahn helfen Reiter und Pferd, richtig in der Biegung mitzukommen.
- Zu wenig Übertritt: Kurze, steilere Seitengänge reiten oder Pause machen und erneut beginnen.
- Rechts- und Linkstraversalen sind unterschiedlich: Die natürliche Schiefe lässt sich nie vollkommen wegarbeiten, man kann sich dem Ideal der Gleichheit beider Seiten nur annähern. Gute und schlechte Seite werden im Lauf des richtigen Trainings übrigens wechseln.
- Der Abschluss der Traversale ist ungenau: Besonders zum Ende hin das Pferd mit dem äußeren Schenkel auffordern, sein äußeres Hinterbein unterzusetzen. Halbe Paraden, Aufmerksamkeit fordern oder bei Erreichen des Hufschlags durchparieren und mehrfach die Übung wiederholen.

Variationen

Diese Übungsreihen dienen der Verbesserung der Beweglichkeit, der Sensibilität, der Balance und der Durchlässigkeit:

> Es ist sinnvoll, häufig die Hand zu wechseln, um die Hinterbeine nicht zu überanstrengen. Ein Übertrainieren führt letztlich zum Rückschritt und zur langfristig negativen Prägung des Pferdes. Negativerlebnisse sind schwer zu löschen, sie sind wie auf einer Festplatte gespeichert. Um das Pferd neu zu prägen, muss das negative Erlebnis erst gelöscht und dann neu positiv erlernt werden.

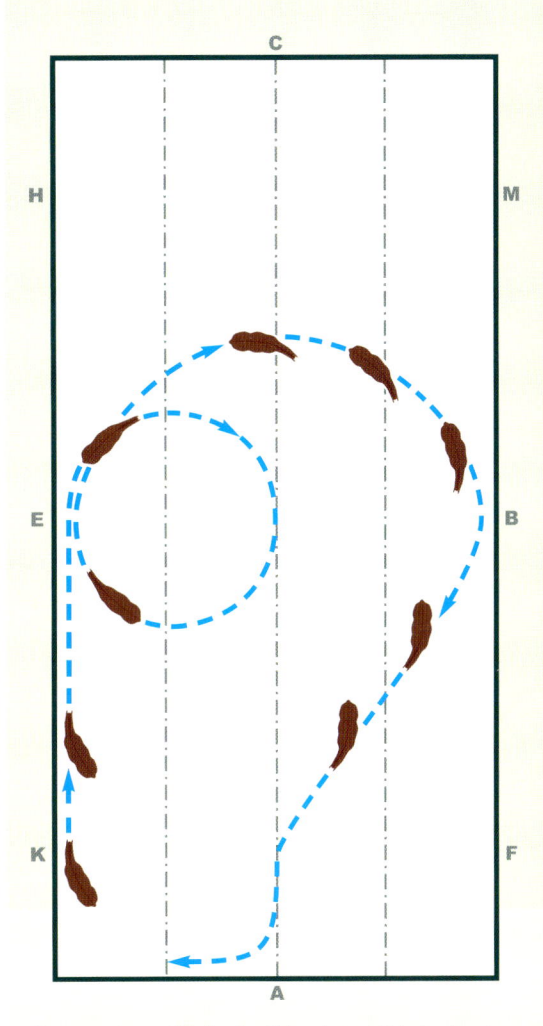

Travers mit anschließender Volte, daraus Schulterherein auf dem Zirkel. Lässt sich ausbauen mit einer kurzen Traversale zur Mittellinie.

- Travers/Renvers auf der Zirkellinie, daraus angaloppieren: Erhöht die Aufmerksamkeit, stärkt das äußere Hinterbein, verbessert die Versammlung, fördert das schnelle Umdenken.

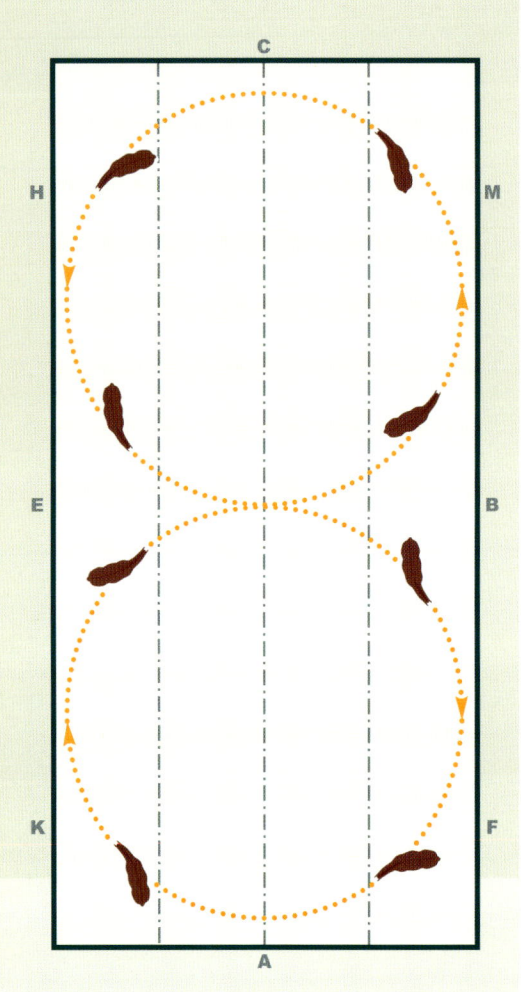

Travers auf dem Zirkel, aus dem Zirkel wechseln, dann Renvers auf dem Zirkel

- Travers – Volte – Schulterherein auf dem Zirkel: wechselseitiges versammelndes Training der Hinterbeine.
- Aus den Zirkeln wechseln, erst Travers, dann Renvers: Arbeit am inneren Hinterbein, Raumgriff vergrößern, allmähliches Steigern der Anforderungen, eine Acht zur Auflockerung einbauen.
- Traversartiges Verkleinern des Zirkels und schulterhereinartiges Vergrößern im frischen Vorwärts: stark biegende und versammelnde Arbeit als Vorbereitung auf den Galopp.
- Schulterherein und Traversalen im Wechsel mit und ohne Volten: Das Gleichgewicht wird verbessert, die Geschmeidigkeit erhöht.
- Travers/Renvers beginnend an der Bande, dann durch die Wendung – auf der Mittellinie bis X, daraus eine Wendung zur Bande.
- Travers – Kurzkehrt – Renvers: Der Reiter hält mit seinen Hilfen die Stellung und Biegung des Travers während der gesamten Abfolge. Danach frisch antraben!
- Traversartiges Verkleinern des Aus der Ecke kehrt: Hilft, Galopppirouette zu entwickeln.
- Schulterherein – Renvers: Stärkt die Beweglichkeit durch wechselnde Belastung des inneren und äußeren Hinterbeins. Dabei muss das Pferd umgestellt werden und der Reiter in die neue Bewegungsrichtung umsitzen.
- Aus dem Renvers in die Ecke kehrt – daraus eine Traversale entwickeln: In der Vorbereitung des Renvers die Biegung erfühlen und die Schulter des Pferdes fühlen und steuern.
- Renvers auf der Diagonalen – Aus der Ecke kehrt – Traversale oder Travers – Aus der Ecke kehrt – Traversale: intensive Biegung mit tätigen äußeren Hilfen, die Schulter vorausthalten.
- Travers – Kurzkehrt auf der Mittellinie – daraus traversieren: Verstärkung der Versammlung, Sensibilität und Aufmerksamkeit.
- Fünfmetertraversale – Schulterherein – Traversale – zulegen: Förderung der Durchlässigkeit und des Gleichgewichts.
- Traversale – geradeaus auffrischen – Schultervor – Traversale – geradeaus: Abwechslungsreiche Arbeit, die den Kopf freihält und die Muskulatur nicht überlastet.
- Traversale – Volte – Traversale: Überprüfung und Verbesserung der Biegung, dabei sehr senkrecht sitzen, nicht in der Hüfte einknicken.

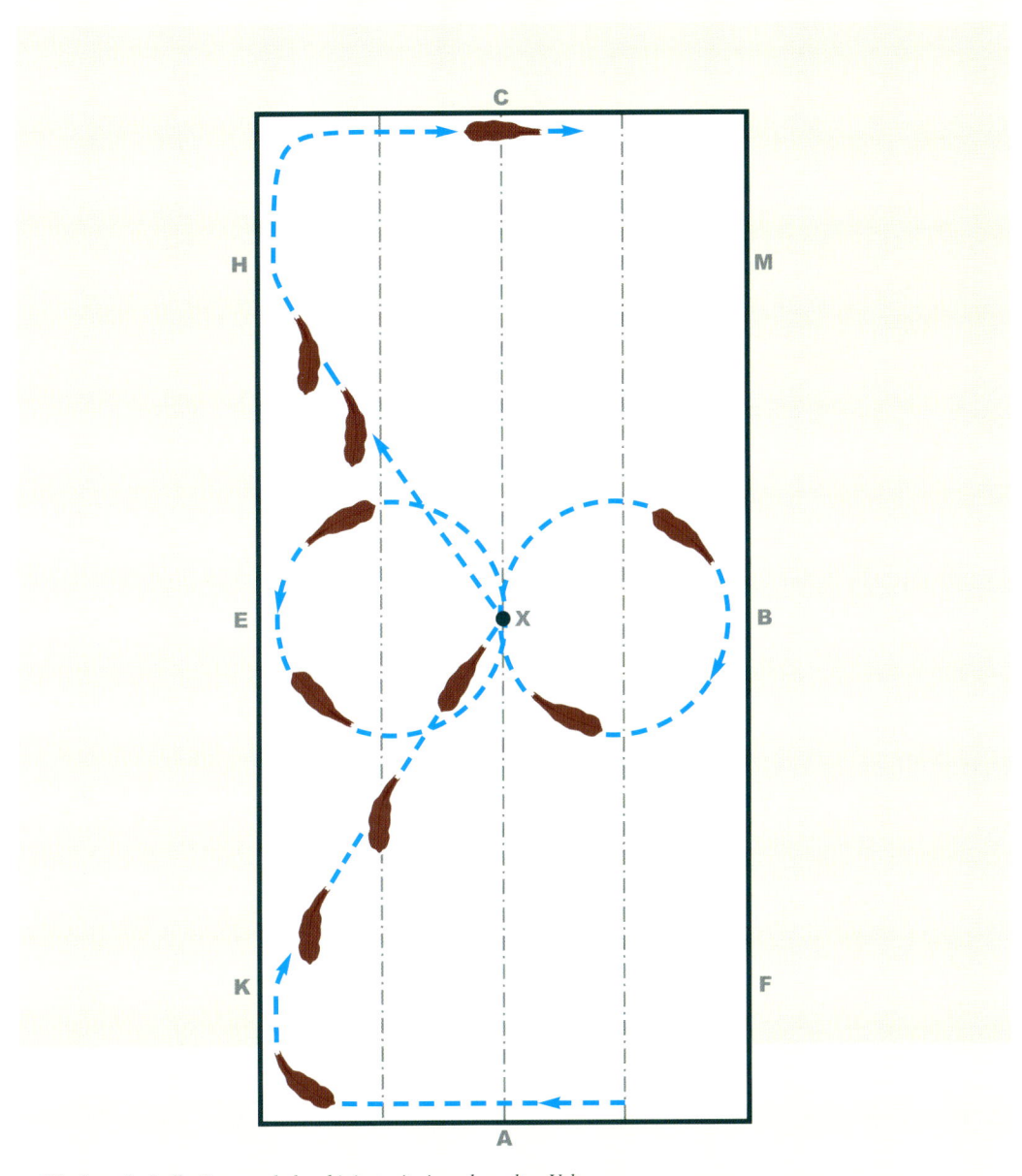

Die doppelte halbe Traversale kombiniert mit einer doppelten Volte

- Fünfmetertraversale links und rechts im Wechsel – doppelte halbe Traversale: Dabei unbedingt die Balance im stillen Sitz erfühlen, positive Körperspannung halten, in kurzen Reprisen üben. Das Pferd motiviert halten.

- Doppelte halbe Traversale im Galopp (eventuell kombiniert mit einer Volte) mit fliegendem Wechsel: Schnelle Abfolge der Hilfengebung erforderlich, dabei ist auf das vor dem Sitz galoppierende Pferd zu achten. Es muss gerade gerich-

Hinführung zur richtigen Versammlung

Rechtstraversale im Galopp in frischem Vorwärts.

tet sein und der Wechsel herausgelassen werden. Dann sofort eine halbe Parade geben und mit deutlicher Begrenzung des neuen äußeren Zügels und Schenkels in die Traversale oder Volte hineinreiten, Schulter voraus! Wenn das Pferd gut gymnastiziert ist, lässt es die Hilfen des Reiters willig durch und ist formbar!

Wer bei den Seitengängen angelangt ist, kann den ganzen Reichtum der Gymnastizierung ausschöpfen und damit jede Trainingseinheit interessant und kreativ gestalten. Hier ist Teamwork zwischen Reiter und Pferd gefragt. Verständnis für die Psyche und die Belastbarkeit des Pferdekörpers anhand eines klaren Trainingsplans ist notwendig und sehr wirkungsvoll.

Mein Rat zum Erfolg

Gefährlich in allen Seitwärtsbewegungen ist es, das Ausweichen der Hinterhand aufgrund der natürlichen Schiefe fälschlich mit einem korrekten Seitengang zu verwechseln. Das passiert nur auf einer Hand und ist ein untrügliches Zeichen dafür, dass das Pferd zuvor nicht gerade gerichtet wurde. Nur durch die Geraderichtung kann es auf beiden Seiten gleichmäßig gebogen werden. Ist dies nicht der Fall, ist das Pferd also auf einer Seite schwach oder fest, sollten Sie die gerade richtende Arbeit überprüfen und wiederholen und dabei frisch vorwärtsreiten! Alle Schwierigkeiten und Schwächen sind in Fehlern der Basisarbeit begründet – dort müssen Sie sie verbessern und „auslöschen", Seitengänge sind kein Selbstzweck!

Haben Sie die Trainingspunkte in der Basis erarbeitet, sollten Sie möglichst früh mit dem Reiten von Seitengängen beginnen, denn der strukturierte Weg ist das Ziel. Bis zur Vollendung der Gänge mit selbsttätigem Fleiß, lockerem Schwung und ausdrucksvoller Kadenz ist es weit!

Dass das Pferd mit wachem Geist mitarbeitet, ist eine wichtige Voraussetzung, um mit Spaß die Leichtigkeit in der Versammlung zu üben. Nicht vergessen: Zu Beginn nur kurze Reprisen verlangen, der stete Wechsel zwischen Versammlung und Geradeausreiten in intervallartigen Sequenzen bringt den Erfolg. Nicht vergessen, im richtigen Moment nach gelungener Übung eine Pause einzulegen!

Bei der Galopparbeit verzichte ich auf zu viel Travers- und Renversreiten. Aufgrund des Bewegungsablaufs in dieser Gangart vermeidet das Pferd ohnehin gern die Lastaufnahme mit dem inneren Hinterbein. Nur zur Vorbereitung der Arbeitspirouette und Pirouette ist die intensive Galopparbeit im Travers und Renvers auf dem Zirkel von großem Nutzen. So wird das Pferd an diese stark versammelnde Arbeit gewöhnt und baut dafür Muskeln auf. Der Reiter muss unbedingt darauf achten, das Pferd immer vor dem Sitz und am Hinterbein zu behalten, sonst bewegt sich die Hinterhand nur seitwärts ohne Vorwärtsimpuls.

Es ist wichtig, dem Pferd die Freude an den Seitengängen zu erhalten, damit Sie ohne Kraft mit einfachsten Signalen die Leichtigkeit der Übung genießen können. Sie sind gefragt, aus allen Variationsmöglichkeiten ein kreatives Programm zusammenzustellen.

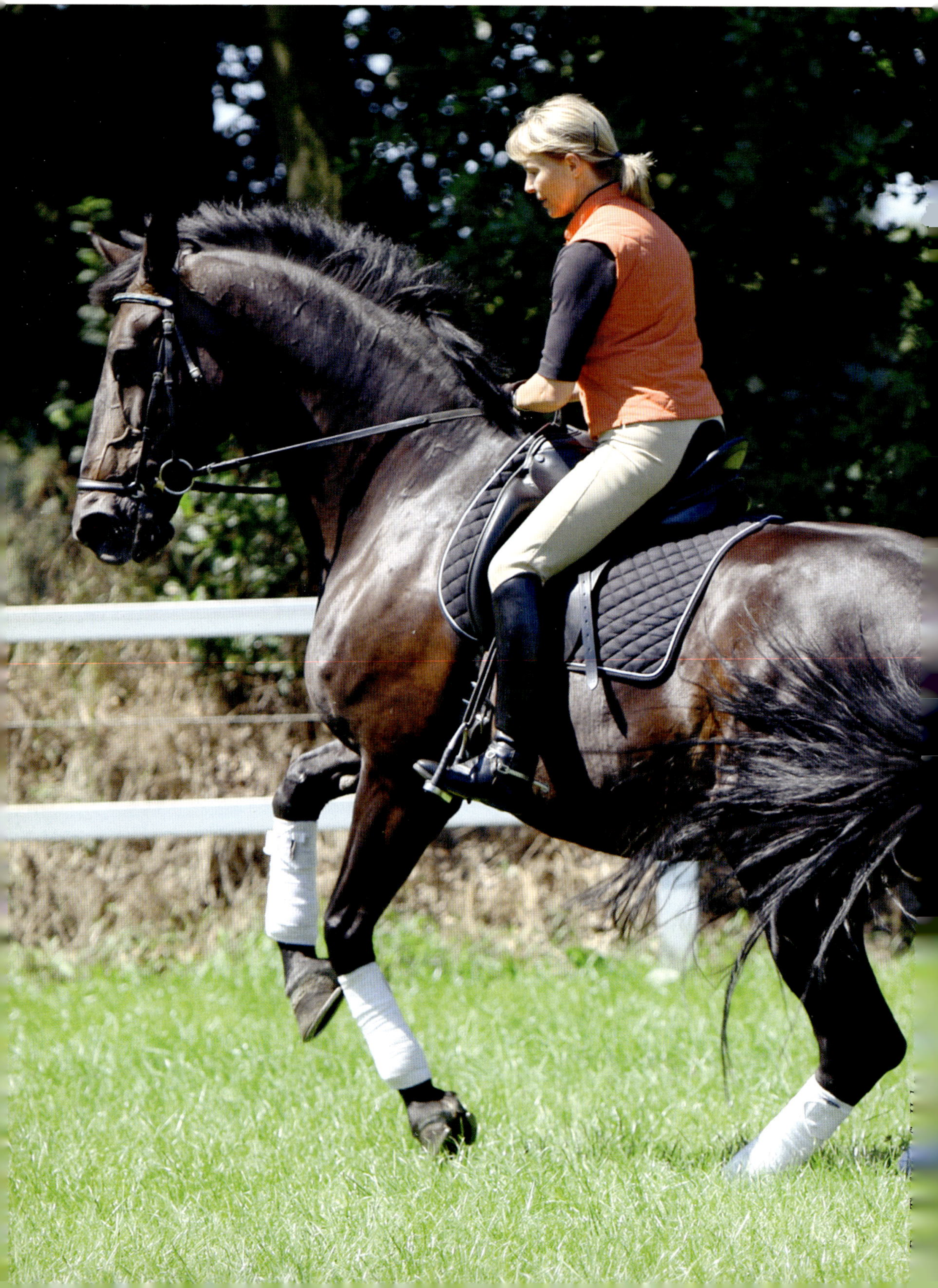

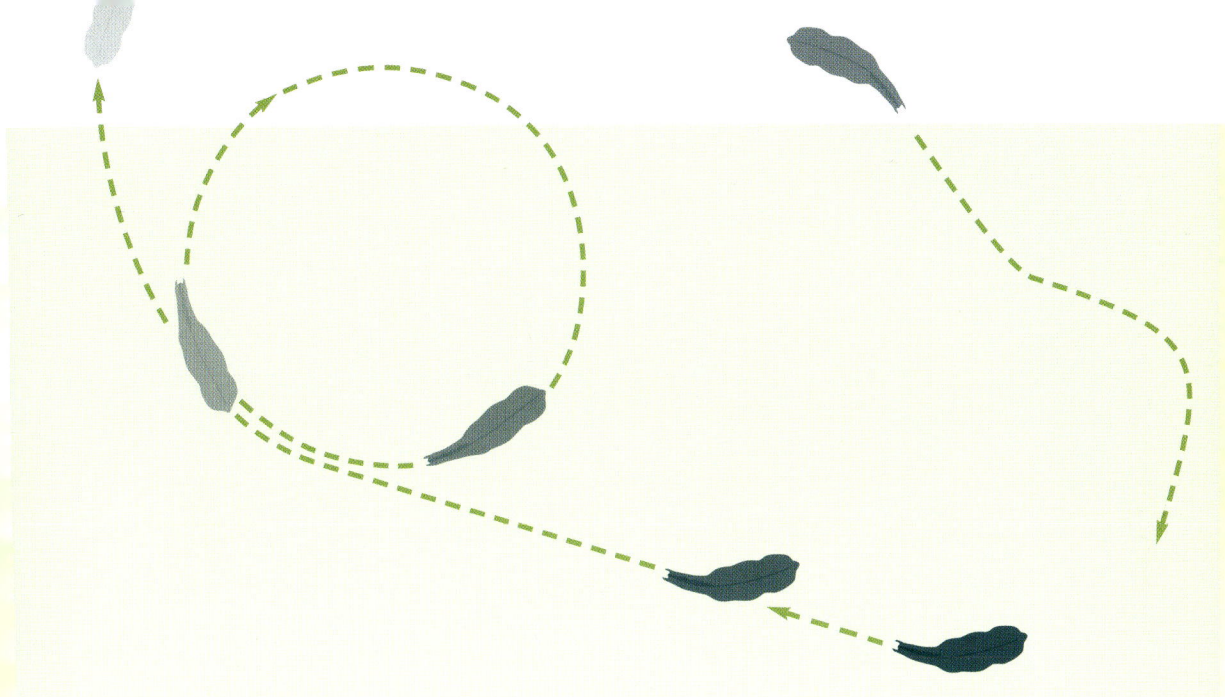

Vollendung der Versammlung

Die Ausbildung des Pferdes ist ein sehr interessanter und abwechslungsreicher Weg, dessen Eckpfeiler Teamwork, Harmonie, Disziplin (vor allem des Reiters!) und gemeinsame Freude im Training sind. Belohnung für diese Arbeit ist eine langfristige, in allen Bereichen gesunde Zusammenarbeit und ein strahlendes Pferd.

Alle Dressurarbeit hat das Ziel, diese Ausstrahlung und Schönheit des Pferdes zu zeigen. Das kann in einem versammelten Galopp sein, einer Piaffe oder auch in einer gelungenen Galopp-Halt-Parade.

Je nach Exterieur und Interieur wird das Pferd die Ausbildung in individueller Zeit durchlaufen. Der Zeitbedarf ist dabei nicht entscheidend. Wichtig hierbei ist nur, dass das Pferd nicht mit „Verbrauchsreiterei" ausgebildet wird, da sich dies zu häufigeren Krankheiten bis hin zur Unbrauchbarkeit des Pferdes steigern kann.

Dass es auch anders geht, zeigen gut ausgebildete ältere Pferde, die als vierbeinige Lehrmeister eingesetzt werden und als Professoren für Schüler unersetzlich sind. Ihre Ausbildung ist dahingehend abgeschlossen, dass sie die Lektionen in der richtigen Weise abgespeichert haben. Der Reiter spürt, dass er richtig eingewirkt hat, wenn das Pferd die verlangte Übung mit Leichtigkeit korrekt ausführt. Es gibt ihm ein deutliches Feedback!

Alle Lektionen, die in der nachfolgend erläuterten vollkommenen Versammlung entwickelt werden, sind einfach auszuführen und erfordern keine Kraft.

Teamwork und Gesunderhaltung bedingen einander!

Der versammelte Galopp: Schulgalopp

Nicht jeder Reiter hat die Möglichkeiten, sein Pferd durch Arbeit im Gelände, Springen oder Wassertreten muskulär optimal aufzubauen. Daher ist es wichtig zu wissen, wie ein runder, geschmeidiger Aufwärtsgalopp auch ohne solche Hilfen entwickelt und geritten wird.

Die Ausbildung hin zum versammelten Galopp oder Schulgalopp basiert auf der Arbeit im Trainingsgalopp. Es dauert einige Zeit, die Pferde, genauer gesagt ihren Muskel-, Bänder- und Sehnenapparat, darauf vorzubereiten. Auch ein Skifahrer kann nicht ohne langfristige Vorbereitung jeden Tag Schuss fahren. Ebenso wie menschliche Sportler brauchen auch Pferde ein sinnvoll aufgebautes Training, das auf die Lektionen in hoher Versammlung vorbereitet.

Gerade wenn das Pferd besonders willig und freudig mitarbeitet, ist es wichtig, den richtigen Moment des Aufhörens abzupassen. Greifen wir das falsche Angebot auf und galoppieren etwa zu lange „auf der Stelle", führt dies zu Verschleiß des Rückens und Bewegungsapparats. Die Ästhetik geht verloren und wird mechanisch und roboterhaft. An die Stelle von wenig Krafteinsatz tritt das Aufbieten immer stärkerer und härterer Hilfen.

Bevor man stark versammelten Galopp reiten kann, ist das Pferd bereits Wochen, Monate und Jahre auf die Versammlung vorbereitet worden.

Ergebnis dieser Grundlagenarbeit ist, dass sich das Pferd mit lockerem Rücken in allen Gangarten und in den bis dahin erlernten Lektionen selbst zu tragen gelernt hat. Auch in den Ecken und im Außengalopp kann es schwungvoll und elastisch galoppieren. Überprüft man die richtige Versammlung, wird mit leichtester Einwirkung – beinahe wie durch Gedankenübertragung – pariert, gewendet oder verstärkt.

Der Reiter hat im korrekt versammelten Galopp und Schulgalopp zu jeder Zeit ein angenehmes, erhabenes Reitgefühl bei schwungvollem Vorwärts. Geschmeidigkeit und Leichtigkeit gepaart mit guter Versammlung minimieren die Dosis der Hilfengebung. Er muss die Lektionen nur noch denken! Ein harmonischeres, willigeres Zusammenspiel von Reiter und Pferd gibt es nicht.

Den Reiter begleitet ein geschmeidiges Pferd, das seine Kräfte rational einzusetzen weiß und damit lange gesund an der Seite seines Reiters steht.

Es scheint immer weniger bekannt zu sein, wie korrekt versammelter Galopp geritten wird. Meist handelt es sich um falsch verstandene Versammlung. Der Gewinn aus dieser Übung ist ausgesprochen groß und dient der Vorbereitung von Traversalen, Pirouetten oder fliegenden Galoppwechseln. Die Muskulatur des Rückens und der Hanken verbessert sich und lässt die Hinterhand wie eine Sprungfeder arbeiten. Sie „entlädt" sich in einer kraftvollen Verstärkung.

Der richtige versammelte Galopp oder auch Schulgalopp auf geraden Linien zeigt eine deutliche Hankenbiegung, bei der das Pferd weiterhin dynamisch abfußt, jedoch der Raumgewinn stark verkürzt ist. Der imposante Galopp zeichnet sich durch Fleiß, Selbsthaltung und selbstverständliche Versammlung aus. Das innere Hinterbein fußt bei absoluter Geraderichtung in Richtung zwischen die Vorderbeine, das äußere Hinterbein bleibt unter dem Schwerpunkt. Dadurch erhöht sich die

Vor jeder Lektion muss das Pferd im Schulgalopp sicher sein.
Daraus entwickeln sich spielend die weiteren Übungen. Foto: Tierfotografie Huber

Wendigkeit des Pferdes beträchtlich und der Galopp wird deutlich geräuschloser.

Der Reiter fängt das fleißige Vorschwingen der Hinterbeine ab, indem er sehr senkrecht und still sitzt. Die leicht vorfühlende Hand lässt das Pferd im Galopp an diese heranspringen. Der ruhige Sitz mit besonders tiefem Knie lässt Reiter und Pferd als absolute Einheit auftreten.

Es muss dem Reiter immer darum gehen zu erkennen, was das Pferd alters- und ausbildungsgemäß leisten kann. Daran – und nicht an den eigenen Fähigkeiten – wird das Training ausgerichtet!

Vollendung der Versammlung

Die positive Versammlung wird mit in die Verstärkung genommen.

Mein Rat zum Erfolg

Gehen Sie in kleinen Schritten vor und vermeiden Sie Übertraining und sinnloses Strafen, damit die Pferde motiviert und positiv mitarbeiten. Der schnellste und lang anhaltendste Fortschritt ist immer der, der ohne Rückschritt stattfindet!

Die Versammlung steht immer in Wechselwirkung mit Verstärkungen, daher vergessen Sie nicht, in Intervallen zu trainieren. Tempowechsel und Pausen dienen dem Pferd zur Erholung und zur Entspannung der Muskulatur sowie zur „Pause im Kopf". Wenige, aber gute Wiederholungen reiten!

Die Galopppirouette

Die Pirouette ist Ausdruck höchster Versammlung, bei der sich Hinterhand und Vorhand jeweils auf einem Kreis bewegen. Wie sie geritten wird, ist in den vorigen Kapiteln beschrieben. Jetzt geht es um die Vervollkommnung der Hilfengebung und die wirkliche Tragkraft.

Nach dem Training im Schulgalopp ist das Pferd auf die Pirouettenarbeit vorbereitet. Es lässt seinen Schwung von hinten nach vorn durch den Körper und ist mit leichten Hilfen zurückzunehmen und zu wenden. Mit energiegeladener, positiver Körperspannung kann aus der stark gesetzten Pirouette jederzeit zugelegt werden.

Die Ausstrahlung und die Eleganz des Pferdes sind in dieser Lektion einzigartig. Das gebogene Pferd wird in sechs Phasen mit der Vorhand um die Hinterhand gewendet, wobei die Schulter immer leicht vorausgeht. Es ist stets ein deutlicher

Die Galopppirouette ist Ausdruck höchster Versammlung und fordert sichere Hilfengebung des Reiters.
Fotos: Tierfotografie Huber

Galoppsprung zu erkennen. Der Raumgewinn ist minimal, scheinbar springt das Pferd im Galopp auf der Stelle, bleibt dabei aber immer vor dem Reitersitz. Selbsthaltung, Balance und Losgelassenheit bleiben erhalten.

In guter Anlehnung und mit einem leichten Gefühl in der Hand kann der Reiter jederzeit die Pirouette beenden und in beliebigem Tempo herausreiten.

Ich unterscheide mehrere Arbeitsschritte in der Pirouette, die in ihrer Schwierigkeit aufeinander aufbauen:
- die Arbeitspirouette, aus dem Kurzkehrt oder aus dem Zirkelverkleinern und -vergrößern entwickelt.
- Viertel- oder Achtelpirouetten in Quadratform mit kurzen Belastungsphasen,
- eine halbe Pirouette auf der Zirkellinie zum Außengalopp und zurück.
- halbe Pirouetten auf der Diagonalen,
- die ganze Pirouette an beliebigem Platz mit entsprechender Qualität reiten. Bei Takt-, Schwung- oder Balanceverlust abbrechen, nach vorn herausreiten und zulegen. Gelassen bleiben und neu beginnen, die Pirouette genießen.

Das korrekte Zusammenspiel der Reiterhilfen ist unabdingbare Voraussetzung für das Gelingen der Pirouette. Zügiges, aber ruhiges Einwirken unterstützt das Pferd optimal. Je nach Temperament kann es mehr aufgerichtet oder tiefer eingestellt werden. Dabei ist es wichtig, die Losgelassenheit und Geschmeidigkeit in der Lektion zu erhalten. Immer muss das Optimum aller Punkte der Skala der Ausbildung angesteuert werden. Gibt es dort Schwachstellen, treten diese spätestens jetzt wieder zutage!

Auch beim Springreiten ist es nicht ratsam, die Hindernisse immer wieder in gleich großer Höhe zu überwinden. Besser sind viele kleine Sprünge zur Gymnastizierung ohne Verschleiß.

Genauso ist es bei der Pirouettenarbeit: Sehr viele kleine Schritte führen zum sicheren Erfolg! Eine gut gerittene Pirouette stellt sehr hohe Anforderungen an Reiter und Pferd und legt dadurch Zeugnis über den Ausbildungsstand beider ab.

> Auch bei der Pirouettenarbeit gilt: Nicht hundertmal üben, sondern im Detail die Schwachpunkte erkennen, erfühlen und an diesen feilen!

Die Serienwechsel

Das Reiten einzelner fliegender Wechsel wurde bereits erläutert. Bei den Serienwechseln muss der Reiter jetzt „zählen lernen", außerdem ist auch noch sein Rhythmusgefühl gefragt. Jeder, der an Tanzstunden Freude hatte, wird auch bei den Serienwechseln keine Zählfehler haben und viele fliegende Wechsel in rhythmischer Abfolge hintereinander reiten können. Sie sind eine „Gute-Laune-Übung" für Reiter und Pferd.

Zur Vorbereitung auf die Serienwechsel muss der versammelte Galopp sicher sein. Wird der versammelte Galopp richtig geritten, ist das Pferd gerade gerichtet und in Balance. Es trägt sich mit Körperspannung bei guter Aufrichtung selbst.

Der Reiter muss das Zusammenspiel der Hilfen für den fliegenden Galoppwechsel verinnerlicht haben, da sie nun in zügiger Abfolge kommen. Die Reiterhilfen sind so abgestimmt, dass das Pferd feinsinnig reagiert und sich leicht angaloppieren lässt. Reiter und Pferd verbessern in den

Serienwechseln ihr Reaktionsvermögen, ihre Koordinationsfähigkeit und Dynamik.

Der wichtigste Trainingsschwerpunkt bei Serienwechseln ist das absolute Geradehalten des Galopps vor, während und nach den fliegenden Wechseln. Der Galopp wurde optimal in der Versammlung ohne Schwungverlust entwickelt, das Pferd springt bergauf. Nach dem fliegenden Wechsel muss der Reiter an das flüssige Weiter denken, ohne zu übereilen. Er achtet sorgfältig auf die Balance seines Sitzes und hält dadurch auch das Pferd im Gleichgewicht. Wenn das Pferd in der Ausbildung gefestigt ist, können die Serienwechsel auf allen geraden Linien und dann auch auf gebogenen Linien geritten werden.

Für die Serienwechsel gilt: Laut zählen! Die Übungsstufen sind:
1. Reiten von mehreren einzelnen fliegenden Wechseln auf geraden Linien in loser Reihe ohne Zählmaß – auch vom Handgalopp in den Außengalopp.
2. a: Erarbeiten von zwei bis drei Dreierwechseln in Folge.
   b: Mehrere Dreierwechsel in Folge.
3. Erarbeiten von Viererwechseln; zu Beginn sollte man sich mit drei bis vier Wechseln zufriedengeben.
4. Das Reiten von Zweierwechseln, dabei mit nur je einem Galoppsprung zwischen den Wechseln die Körperspannung halten. Niemals umstellen! Nur so kann die Balance und die Linienführung eingehalten werden.
5. Die Einerwechsel; auch hier nach dem obigen Prinzip vorgehen: erst wenige, aber gerade Wechsel fordern. Dann Stück für Stück mehrere hintereinander, dabei häufig die Hand wechseln. Bei Schwungverlust abbrechen und vorwärtsreiten, den Spaß nicht vergessen und entspannen!

Die Hilfengebung von Sprung zu Sprung ist wie folgt: Der Reiter hat beide Waden hinter dem Gurt, drückt als Vorbereitung im Galopptakt leicht mit dem gleichseitigen Schenkel, um den Wechsel auszulösen. Dann öffnet er den Schenkel, um den Wechsel herauszulassen, während er gleichzeitig den anderen Schenkel verwahrend am Pferd hält. Dieser kündigt den neuen Wechsel an und lässt ihn sofort heraus. Dann geht es wieder von vorn los.

Während das Pferd in der Schwebephase eines Wechsels ist, wird die Hilfe zum nächsten gegeben. Der Reiter sitzt dabei balanciert und mit aufrechtem, ruhigen Oberkörper. Die Hüfte mit dem senkrecht im Sattel ruhenden Becken bleibt locker und geht innen mit dem Wechsel vor.

Kein „Rumrutschen" im Sattel, kein Schleudern der Schenkel! So bleiben die Pferde im mentalen und körperlichen Gleichgewicht!

Der gute Sitz ist unabdingbare Voraussetzung für die Serienwechsel. Gibt der Reiter Hilfen, sind diese für einen Beobachter fast unsichtbar. Wird rhythmisch geritten, gut eingeteilt und richtig gezählt, gelingt es mit wenig Aufwand, das Pferd in den Serienwechseln zu arbeiten. Auch hier gilt: Übung macht den Meister!

Zum Abschluss richtet sich der Reiter auf, bringt die Vorhand vor die Hinterhand des Pferdes und galoppiert frisch nach vorn, ohne die Versammlung zu verlieren.

Zweck dieser Übung ist natürlich nicht nur die erfolgreiche Teilnahme an einem Turnier, sondern die Vervollkommnung der reiterlichen Fähigkeiten. Serienwechsel erfordern eine wirkliche Zusammenarbeit von Reiter und Pferd.

Der versammelte Trab: Schultrab

Ich wage zu behaupten, dass jeder Reiter glaubt, schon einmal einen versammelten Trab geritten zu haben. Ich überlasse es Ihrer ehrlichen Einschätzung herauszufinden, ob es der ist, den ich im Folgenden richtig beschreibe:

Der versammelte Trab (Schultrab) ist daran zu erkennen, dass alle Punkte der Ausbildungsskala erfüllt sind. Diese wurden systematisch aufeinander aufbauend erarbeitet, ohne dass das Pferd seelisch oder körperlich Schaden genommen hat.

Aus dem so entstandenen gegenseitigen Vertrauen ergibt sich ein untrüglicher Eindruck freiwilliger Eleganz. Sie ist zu erkennen an einem zufriedenen, im Takt gehenden, an die Hand heranschwingenden, geschlossenen und in Selbsthaltung gehenden Pferd.

Das darauf aufbauende Training für weitere versammelte Lektionen zeigt das Pferd in müheloser Eleganz und stolzer Trabbewegung. Je korrekter dieser Trab geritten wird, desto unsichtbarer ist die Einwirkung. Pferde, die mit der Nase VOR der Senkrechten geritten werden, gewinnen dabei an Ausstrahlung und Charme.

Das schwingende, körperlich und seelisch losgelassene Pferd, das mit erhobenem Kopf und gewölbter Halslinie „immer lächelnd durch die Welt trabt", ist stets bereit, Höchstleistungen zu erbringen.

Beinahe scheint es Ansätze zur Passage zu zeigen, denn die Kadenz ist erhaben und doch leicht. So ist es nicht aufwendig, aus diesem faszinierenden versammelten Trab jederzeit Übergänge in die Verstärkung, in Seitengänge oder Piaffe und Passage zu reiten. Bei den harmonischen Übergängen bleibt das Pferd vor dem Sitz des Reiters und gibt ihm ein einzigartig schwingendes, taktreines Gefühl. Handeinwirkung ist dabei fehl am Platz!

Ist das Pferd sicher an den Hilfen, können Übergänge auch mit einhändiger Zügelführung gelingen.
Foto: Tierfotografie Huber

> Hat man nur einmal dieses gemeinsame Schwingen erlebt, dann erahnt man, was richtig reiten heißt!

Der Reiter sollte im Hinterkopf behalten, dass Pferde keine Sitzgelegenheiten sind, vielmehr ist es seine Aufgabe, sein Pferd mittels der Dressurlektionen gesund zu erhalten, im Selbstbewusstsein zu stärken und schöner und stolzer zu machen. Wer glaubt, diese Gangart in dieser Form für das Turnier nicht zu brauchen, täuscht sich! Das Erlernen eines kadenzierten, versammelten Trabs ist daher auch heute nicht aus der Mode, besonders, da nicht alle Pferde von Natur aus mit einem elastischen Trab ausgestattet sind.

Handarbeit und halbe Tritte

Die Ausbildung vom Boden hat viele Vorteile, da sie das Vertrauen und die Verständigung zwischen Reiter und Pferd fördert. Unsere „gymnasiale" Vorarbeit wird jetzt zur „Hochschulreife" geführt.

Das Pferd kann durch Hilfen vom Boden in der Losgelassenheit, den Seitengängen wie auch in der Versammlung gefördert werden. Aufgrund der Vielzahl von Möglichkeiten der Bodenarbeit beschränke ich mich hier auf den Nutzen dieser Übung für die weitere versammelnde Arbeit.

Die Handarbeit ist das Fundament der späteren Piaffe- und Passagearbeit. In der Gewöhnungsphase wird die Hilfengebung abgesichert und der Takt geregelt. Dabei werden die Hinterbeine bei

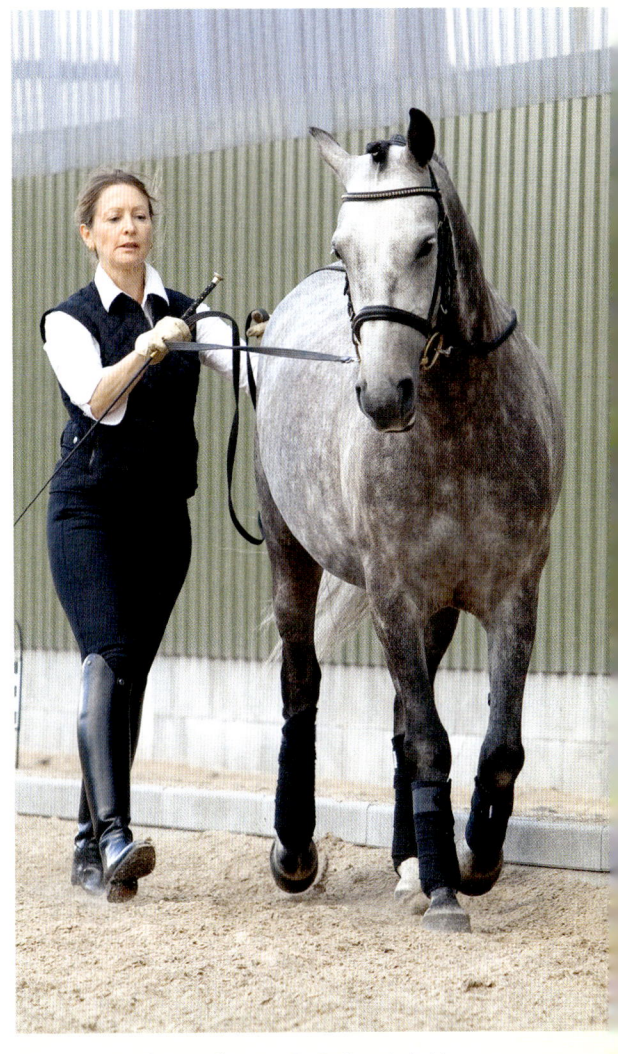

In der Gewöhnungsphase an die Bodenarbeit, hier am langen Zügel, werden zunächst Takt und Hilfengebung abgesichert.

gewölbtem Rücken taktmäßig herangeschlossen und sorgen dabei für die optimale Entlastung des Rückens. Der Reiter fühlt an der Hand eine angenehm elastische Anlehnung. Durch schultervorartiges Führen hält er das Pferd gerade und gymnastiziert mit häufigem Handwechsel den inneren Hinterfuß. Die versammelnde Arbeit kann beginnen.

Vollendung der Versammlung

Alle versammelten Lektionen lassen sich mit der Handarbeit hervorragend vorbereiten und vertiefen.

Mein Rat zum Erfolg

Diese interessante Arbeit an der Hand fordert in ihrer Gestaltung von Ihnen einige Feinfühligkeit und Strukturierung. Fragen Sie sich bei auftretenden Auffälligkeiten kritisch, wer zuerst den Fehler gemacht hat und wann! Zu 99 Prozent sind nicht die Pferde widerborstig, sondern der Reiter hat schon bei den Grundbegriffen wie der Vermittlung der Sprache versagt. Werden Sie sich bewusst, wo Sie in Ihrer Ausbildung stehen, das Pferd wird Ihnen folgen, soweit es geht. Übertraining und mentales Verwirren führen zu nachhaltigen Schäden in der Aufnahme und Weiterführung der Lektion.

Nicht nur die Zielübung Piaffe (siehe Seite 121) sollte eingeübt werden, sondern gleichzeitig auch die Trittfolge der halben Tritte, die Übergänge vom oder in den Schritt oder in den beziehungsweise aus dem Trab. Schon einige wenige halbe Tritte erfordern eine sofortige Anerkennung. Dazu dient die Entspannung durch ein Vorwärts in den Trab, eine Parade zum Schritt im Schultervor – einmal Durchschnaufen lassen – oder zum Halten. Das Ganze darf „versüßt" werden mit einem Lob und einer Belohnung, sodass das Pferd positiv konditioniert wird.

An der Hand gibt es vielfältige weitere Möglichkeiten, die Leichtigkeit zu erhalten. So kann man etwa immer wieder aus dem Trab heraus das Aufnehmen in wenige halbe Tritte üben. Erstes Dehnen, Abkauen lassen, Genickablösen und Biegen des Halses helfen, die Losgelassenheit zu verbessern. Niemals das Loben vergessen!

Die größte Belohnung für das Pferd ist die Pause zwischen den Arbeitsphasen, um das Erlernte sacken zu lassen und zu verarbeiten. Auch hier gilt der Grundsatz „Weniger ist mehr". Begonnen wird nur mit einigen wenigen Minuten Arbeit. Später können jeden Tag einige Sequenzen geübt werden; dabei sollten Sie auch mit wenigen Tritten zufrieden sein.

> Rechtzeitiges Aufhören erhält die Motivation und bringt zügigen Erfolg ohne Zwang!

Piaffe und Passage

Wie bereits erwähnt: Wenn man Pferde jeden Alters und jeden Ausbildungsstandes auf der Weide beobachtet, ist immer wieder festzustellen, dass sie alle Lektionen, die der Reiter glaubt, ihnen beibringen zu müssen, von Natur aus beherrschen. Es macht viel Freude, ihnen bei der Leichtigkeit der Bewegungen zuzuschauen. Dann beginnt der lange Weg des Trainings mit dem Reiter auf dem Pferderücken, um Ausbildungsziele wie Balance, Losgelassenheit, Motivation und Leichtigkeit in allen Lektionen zu erlernen.

Alle Ausbildungsschritte, die bisher erwähnt wurden, sind notwendiger Bestandteil auf dem richtigen Weg zum großen Ganzen. Der Weg ist das Ziel bei der vollendeten Ausbildung, um das Pferd immer motiviert zu halten. Wenn junge Pferde, Korrekturpferde oder Reiter soweit aufgebaut sind, dass sie eine Piaffe erlernen können, wird erkennbar, dass alle vorangegangenen Kapitel die notwendigen Bausteine hierfür sind.

Turniere dienen der Überprüfung des Gelernten. Das heißt, dass die Pferde, die bis L ausgebildet sind, in der Klasse A starten, mit dem Leistungsstand M in L, und dass Pferde, die bis Intermediare I ausgebildet sind, in Prix St. Georg starten sollten. Besonders in neuer Umgebung ist es sinnvoll, immer die schon sichere Leistung vom Pferd zu verlangen, damit es nicht überfordert wird. So vermeiden Sie Rückschritte. Die weiterführende Ausbildung erfolgt zu Hause!

Wer an dieser Stelle des Buches angekommen ist, weiß, dass die Trainingsarbeit einige Zeit braucht: Die Entwicklung der Tragkraft auf der Stelle verlangt Höchstleistungen von dem Pferd. Dagegen meinen andere Reiter: „Wenn mein vierjähriges Pferd nicht piaffiert, wird es nicht weiter ausgebildet, da es nicht talentiert für die S-Dressur ist." Bei solchen Aussagen frage ich mich, wer an Talentmangel leidet!

Piaffe

Mit einer langjährig aufgebauten, guten Piaffe – zu erkennen an leicht ausgeführten Bewegungen mit Bergauftendenz – kommen wir der Vollendung der Ausbildung des Reitpferdes sehr nahe. Sie ist ein „Gütezeichen erster Klasse".

Vorbereitet und trainiert wird die Piaffe durch:
1. Sorgfältiges Erarbeiten der Übergänge mit Heranschließen der Hinterhand und taktmäßigem Nachtreten der Hinterfüße. Gewichtsverhältnis zwischen Vor- und Hinterhand ist eins zu drei.
2. Gewöhnen an die Handarbeit.
3. Arbeiten an der Hand in kleinen Reprisen, täglich vor dem Reiten wiederholt.
4. Piaffe an der Hand im Vorwärts und daraus antraben.
5. Piaffieren unter dem Reiter im Wechsel mit anderen Lektionen wie Seitengängen, Pirouetten oder Verstärkungen.

Vollendung der Versammlung

Die Piaffe verlangt Höchstleistungen vom Pferd. Die entsprechende Tragkraft der Hinterbeine braucht jahrelange Vorbereitung. Foto: Tierfotografie Huber

Einige grundsätzliche Merkmale der Piaffe:
- Beugung der Hanken bei gleichbleibendem Fleiß der Hinterbeine
- Gelöster und geschlossener Rücken (Brückenfunktion zwischen Hinter- und Vorhand um den Schwerpunkt des Pferdes herum)
- Optimale Schulterfreiheit mit akzentuiertem Anheben der Vorderbeine

Ich habe festgestellt, dass es wirkungsvoll ist, die Pferde vor dem Training an die Arbeit an der Hand zu erinnern. Der Trainingsschritt wird sehr bewusst durchlaufen, das Pferd wird erwärmt und gleichzeitig mit der Hinterhand herangeschlossen.

Dabei ist es entscheidend, nicht zu schnell zu viel zu verlangen, sondern dem Ausbildungsstand entsprechend zu arbeiten.

Die Gymnastizierung im leichten Vorwärts an der Hand entlastet den Pferderücken und erleichtert den Muskelaufbau an den richtigen Stellen. Bei korrekter versammelnder Arbeit wird die Vorhand entlastet und so das Pferd geschont.

Reiten ist feinstes Zusammenspiel zwischen Reiter und Pferd aus dem aufrechten, gelassenen Sitz – nahezu aus der Tiefenentspannung und der seelischen Verbindung von Reiter und Pferd. Die Aura jedes Menschen wird vom Pferd sofort wahrgenommen. Das hat jeder schon einmal gemerkt, wenn er in Hektik oder unausgeschlafen ans Pferd herangegangen ist: Das Pferd weicht zurück oder ist unaufmerksam und nimmt uns nicht wahr. Es ist ein Spiegel unseres Selbst.

Bei der Arbeit an der Hand oder unter dem Reiter sensibilisiert die Piaffe das Pferd in höchstem Maße. Immer weiter wird die Hilfengebung verfeinert, bis das Pferd nur noch mit Hinweisen dirigiert wird. Diese Lektion lehrt den Reiter, wie wenig er an Hilfengebung benötigt, denn nur aus dem feinen Zusammenspiel aller Hilfen kann die richtige Dosierung entwickelt werden.

Zu Beginn der Piaffearbeit ist es wichtig, einen guten Ausbilder zu haben, der mit dosierten Hilfen von unten nachhilft und mit wenigen, aber richtigen Impulsen an das Pferd das Training unterstützt.

Auch bei dieser Arbeit können gravierende Fehler gemacht werden, die dann leider auch die Eckpfeiler der Vorarbeit stören oder gar zerstören,

Die Piaffe wird aus halben Tritten entwickelt. Der Trainer unterstützt die Anfänge.

Stichwort: Vertrauen. Dies sollte nie durch Überforderung und Zwang aufs Spiel gesetzt werden! Lassen Sie sich und dem Pferd Zeit, diese Arbeit zu verstehen.

Versuchen Sie, die Versammlung zu erzwingen, hat dies immer negative Folgen. Fehlentwicklungen und Gegenmaßnahmen können sein:
- Langweilige Tritte, besonders der Vorhand: Entwickeln Sie die Piaffe mehr aus dem Vorwärts. Reiten Sie Trab und Schrittübergänge mit leichten, wenigen halben Tritten dazwischen.
- Angespannter Gesichtsausdruck des Pferdes: Losgelassenheit überprüfen, in kurzen Intervallen trainieren. Dabei weniger machen, aber dafür richtig.
- Gestörter Takt: Kehren Sie zurück zu den halben Tritten in der Vorbereitung der wirklichen Piaffe. Arbeiten Sie immer im Vorwärts.
- Zu starkes Absenken der Hinterhand, kein Impuls aus dem Hinterbein, schleppend: Trainieren Sie mit weniger Hankenbeugung, reiten Sie viele Übergänge aus wenigen Piaffetritten in den Trab.
- Zu starkes Abheben der Hinterbeine, das Pferd fällt auf die Vorhand: Arbeiten Sie vorwärts im Schultervor, touchieren Sie mehr oben auf der Kruppe, als wollten Sie antraben. Immer auf die Balance zwischen Vorhand und Hinterhand achten. Das Pferd bleibt auch hier im Fluss und kriecht nicht zurück.
- Widerstand: Analysieren Sie, woher der Widerstand kommt. Was ist falsch gelaufen? Gehen Sie einige Schritte in der Ausbildung zurück und fangen Sie neu an. Losgelassenheit und Geraderichtung prüfen durch Zügel-aus-der-Hand-kauen-Lassen. Kein „Kilometerfressen", also nicht zu lange und zu viel üben, keine Verschleißreiterei.

Alle Schwierigkeiten entstehen meist aus einem zu schnellen Fortschreiten in der Ausbildung.

Wenn Sie mit Bedacht vorgehen und in jungen Jahren des Pferdes mit der Vorbereitung in den Grundlagen beginnen, haben Reiter und Pferd viele Jahre Lern- und Trainingszeit, um sich auf die wirkliche Piaffearbeit vorzubereiten.

> Kleine „Piaffegeschenke" des Pferdes sind trügerisch und gewährleisten nicht die spätere Sicherheit für eine richtige Piaffe, die jederzeit und an jedem Ort abgerufen werden kann.

Der Reiter, der die Kräfte seines Pferdes richtig einteilen kann, hat für alle weiteren Übungsabläufe Energie gespart und kann diese für die folgende Trainingsstunde nutzen. Wichtig ist es, Pausen einzubauen: etwa in einer ganzen Parade das Pferd ruhig und geschlossen auf alle vier Beine unter den Schwerpunkt stellen und innehalten. Die Durchlässigkeit von hinten nach vorn wird am stillen Sitz abgefangen und wandelt sich in eine trabartige Bewegung auf der Stelle. Führen Sie sich immer wieder vor Augen, dass das wichtigste Ziel dieser Übung ist, das Pferd optimal zu gymnastizieren und zu einem gesunden Sportler zu machen.

Ein besonderer Höhepunkt ist das Reiten geschmeidiger Übergänge in die und aus der Piaffe – eine Lektion, die wirklich eine körperliche Höchstleistung für das Pferd ist. Gelingt sie, ist sie aber ein wunderbarer Genuss, da die Durchlässigkeit und Geschmeidigkeit im gesamten Pferdekörper stattfindet und deutlich vom Reiter zu spüren ist.

> Entscheidend ist die Erkenntnis, dass die Kunst nur in Einklang mit der Natur, der Physiologie des Pferdes funktioniert, sonst ist es keine Kunst!

Keine Lektion steht für sich allein, sondern gehört zu einem großen Ganzen. So wird die Piaffe immer im Zusammenhang mit der gesamten Ausbildung geritten. Ich beziehe die beginnende Piaffearbeit schon sehr früh in mein Trainingsprogramm mit ein. Die Arbeit an den einfachen Übergängen eignet sich hervorragend dafür: Das Aufnehmen bei den Trab-Schritt-Übergängen stellt eine gleichmäßige Verkürzung dar, kommt schon sehr nahe an die halben Tritte heran und fühlt sich auch so an. Nur dann, wenn das Pferd die Piaffearbeit mit Leichtigkeit absolviert und jederzeit in eine beliebige andere Lektion übergehen kann, reiten wir die Übung in richtiger Versammlung.

Variationen
- Schritt – Piaffe – Kurzkehrt
- Schritt – Piaffe – Mitteltrab – ganze Parade
- Trab – Piaffe – Halten
- Trab – Piaffe – Trab
- Galopp – Kurzkehrt – Piaffe – Mitteltrab
- Schulterherein – Kurzkehrt mit piaffeartigen Tritten – Renvers
- Mittellinie – Trab – Piaffe – Traversale
- Halbe Bahn – Schritt – Piaffe – Schritt – Kurzkehrt – Schritt – Piaffe – Schritt

> Alle Übungsabläufe erst mit Anlehnung an die Bande, dann auf freien Linien reiten. Zu Beginn bei der Piaffearbeit wenige Tritte verlangen, die Leichtigkeit erhalten.

Bleiben Sie kreativ in der Zusammenstellung Ihrer Übungsreihen, richten Sie sich individuell nach Alter, Körperbau und Temperament des Pferdes. Je weiter die Versammlung fortschreitet, desto weniger Hand und Zügel benötigen Sie.

Passage

Bei der Entwicklung der Passage, die von dem Pferd ein hohes Maß an Tragkraft und Schwungentfaltung fordert, ist es wichtig, dass das Pferd geschlossen bleibt.

Verlangt werden sollte sie immer erst nach der erfolgreichen Piaffearbeit, wenn auch die heutige Pferdezucht durch sportliches Exterieur ein schnelleres Vorgehen zu ermöglichen scheint. Trabartige Bewegungen mit viel Kadenz und anfängliche Schwebetritte haben nichts mit der wirklichen Passage gemein. Man sollte sich davon nicht blenden lassen, denn die Quittung folgt auf dem Fuße. Liegt erst einmal eine „Fehlprogrammierung" des Pferdes vor, ist der Weg zum Vergessen sehr mühsam. Meist wird nicht nur die Vorhand überlastet, also die Balance von Vor- und Hinterhand stimmt nicht, sondern im besonderen Maße auch der Rücken, der so die ihm zugewiesene Brückenfunktion nicht erhalten kann.

Jedes Pferd, das ein besonderes Talent für die Passage mitbringt, kann dieses später, nach angemessener Trainingsarbeit, immer noch zeigen. Es verliert dieses Talent nicht, ebenso wenig wie beispielsweise ein besonders talentiertes Springpferd sein überragendes Springvermögen nie verliert. Tägliches Reiten über hohe Sprünge führt hier zu frühzeitigem Verschleiß. Genauso verhält es sich mit der Passage, wenn diese zu viel oder falsch trainiert wird.

Den Abschlag beim Golf kann man tausendmal wiederholen und an sich selbst feilen. Das Pferd

Vollendung der Versammlung

Tragkraft und Schwung in feiner Abstimmung machen die Passage aus. Foto: Tierfotografie Huber

wird jedoch dieser Art von Training schnell überdrüssig, dann widerspenstig und undurchlässig, sodass an eine weitere motivierte Zusammenarbeit nicht zu denken ist.

Wird die Passage aus einer guten Piaffe mit Bergauftendenz entwickelt, gibt sie die Sicherheit, jederzeit aus jeder Lektion dorthin zurückkehren zu können. Die richtig entwickelte Passage hat dabei die gleichen Kriterien zu erfüllen wie die Piaffe: Balance, Freiheit der Vorhand, angemessenes Heben der Hinterbeine sowie Schwung mit Kadenz im Vorwärts bei verlängerter Schwebephase. Allerdings wird keine so starke Versammlung wie bei der Piaffe benötigt. Das Hauptaugenmerk liegt auf einer guten Abstimmung des Schubes und der Hankenbeugung, um kraftvoll und kadenziert die höchste Vervollkommnung des Trabes zu erreichen.

Nach der Piaffearbeit kann das Pferd mit geschlossenem Körper in die Passage geführt werden. Auch aus dem Schultrab ist der Übergang möglich. Hier bedarf es aber eines wirklich guten Reiters, der seine Hilfengebung stets selbst beobachtet, um den richtigen Ablauf der Hand-Sitz-Schenkel-Einwirkung zu bewahren. Der sicherste Weg ist, aus dem Schritt zu beginnen, um dann alle Lektionen in verschiedener Kombination wie folgt zu variieren:

- Piaffe – Passage – starker Trab
- Schritt – Passage – Piaffe
- Starker Trab – Passage – Galopp
- Piaffe – Passage – Piaffe

Bei den korrekten Passage-Piaffe-Übergängen sitzt der Reiter ruhig, tief und aufrecht im Pferd und wirkt dabei nur mit minimalen Hilfen ein.

Besonders bei internationalen Turnieren tritt heutzutage an die Stelle der wirklich klassischen Passage leider immer mehr die Passage mit weniger Hankenbeugung, dafür aber in umso stärkerem Vorwärts. Daraus resultiert die Schwierigkeit, die wir dann zu sehen bekommen: Das Pferd soll aus der falschen Passage mit eventuell verlorenem Gleichgewicht (Gleichgewicht der Hinterhand zur Vorhand nur eins zu eins anstelle eins zu drei) und geringerer Hankenbeugung ohne Schwung und Leichtigkeit aufgenommen werden.

Einen Übergang in die Piaffe, den versammelten Galopp oder eine ganze Parade kann es dann nicht schaffen. Wenn das Pferd dabei Mühe hat, weil es die Balance verloren hat, wird der Reiter dies nicht ohne vermehrten Handeinsatz bewerkstelligen können – und dieser sorgt dann für eine falsche und ungesunde Verlagerung auf die Vorhand.

Alle vorangegangenen, erfolgreich gelernten Übergänge nehmen ebenso Schaden. Im ungünstigsten Fall muss sogar der Physiotherapeut zurate gezogen werden, damit er Verspannungen des Rückens und Halses von Pferd und Reiter wieder löst. Denn nur wenn der Pferdekörper beweglich ist, kann der voller Reichtum an Bewegungen ausgeschöpft werden.

Mein Rat zum Erfolg

Bei aller versammelnden Arbeit am Pferd denken Sie immer daran, dass Sie der Bodybuilder Ihres Pferdes sind und täglich ein neues Gymnastikprogramm für den gesamten Pferdekörper entwerfen sollten. Partielles Arbeiten nur an der Hinterhand oder der Vorhand zerstört den Fluss der Bewegung und die Losgelassenheit. Geben Sie sich zunächst mit wenigen, nicht so spektakulären Bewegungen zufrieden und achten Sie darauf, dass der Schwerpunkt des Pferdes und die Selbsthaltung immer erhalten bleiben. Nur daraus lässt sich die wirkliche Ausstrahlung des Pferdes entwickeln.

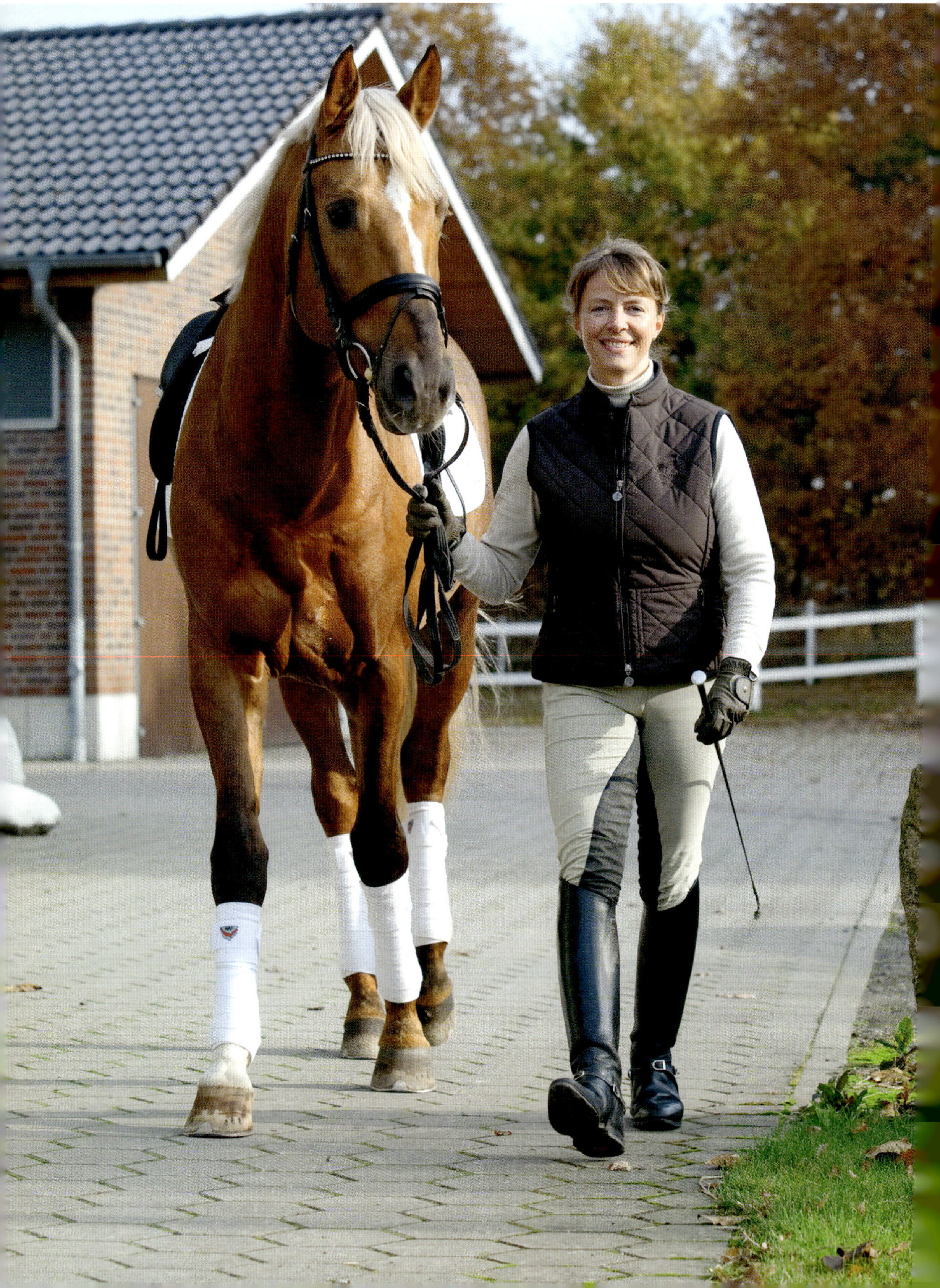

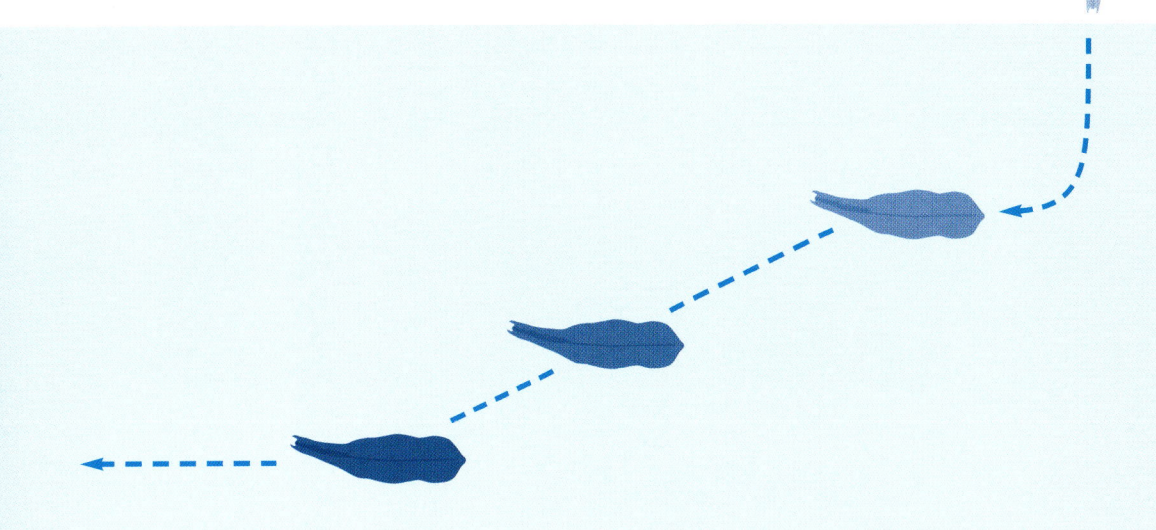

Der Trainingsplan

In den vorherigen Kapiteln haben wir eine Abfolge von Lektionen vom Leichteren zum Schweren gefunden, die wie ein roter Faden die Ausbildung begleiten. Jetzt heißt es, daraus einen für Ihr Pferd passenden Trainingsplan zu erstellen.

Das Pferdeleben hat verschiedene Abschnitte. Es beginnt mit der Gewöhnungsphase und dem Ausbilden im Remontenalter. Die Ausbildung zwischen sechs und zehn Jahren ist die trainingsintensivste Zeit. Ab zehn Jahren kann der Reiter beim Training aus dem Vollen schöpfen und Lektionen abfragen. Das ältere Pferd hat seinen Schwerpunkt nach gründlichem und schonendem Warmreiten nun in einzelnen Lektionen und dem Erhalt der richtigen Muskulatur. Daher muss der Trainingsplan individuell auf das Können des Reiters und das Lernverhalten des Pferdes, sein Alter, seinen Ausbildungsstand, sein Temperament und seine Auffassungsgabe zugeschnitten sein.

> Als Erstes stellen Sie fest, wo Sie mit Ihrem Pferd stehen. Setzen Sie da an, wo es ausbildungsmäßig zum Trainingszeitpunkt ist.

In diesem Buch finden Sie einen Ausbildungsleitfaden und die wichtigsten Grundsätze für die Zusammenstellung. Sie sind die Trainer Ihrer Pferde, und wenn Sie sich mit den grundsätzlichen Ausbildungsthemen und -problemen befasst haben, können Sie viele abwechslungsreiche Tages-, Wochen- und Monatspläne entwerfen.

Zunächst gilt es jedoch, eine Standortbestimmung zu machen. Die Generalfragen lauten: Ist das Pferd am Sitz und an den Hilfen? Verständigen sich Reiter und Pferd in derselben Sprache?

Speziell bedeutet das:
- Werden die Schenkelhilfen sowohl einseitig als auch beidseitig treibend richtig ausgeführt und vom Pferd angenommen?
- Nimmt das Pferd die Sitz- und Gewichtshilfen im Sekundengehorsam an, ohne lange zu überlegen?
- Ist die Verbindung zum Pferdemaul elastisch und angenehm, Reiterhand und Pferdemaul suchen die Anlehnung, der Reiter wirkt mit seinem Sitz einrahmend?
- Ist die Arbeitsatmosphäre angenehm, haben wir ein positives Umfeld?

Bei jeder Ausbildungsarbeit muss das Pferd verstehen, was der Reiter von ihm will:
Es ist ausgesprochen entscheidend für den Erfolg der Ausführung, dass eine klare, eindeutige Aufgabe an das Pferd gestellt wird!
Bei Verständigungsproblemen muss man sich zuerst selbst fragen:
- Habe ich etwas falsch gemacht? Waren meine Hilfen am richtigen Ort, in der richtigen Dosierung, war mein Sitz geschmeidig?
- War die Aufgabenstellung an mein Pferd zu diesem Zeitpunkt richtig und verständlich vorbereitet?
- Habe ich die Unterrichtseinheiten logisch strukturiert?
- Beantworten Sie diese Fragen ehrlich und fragen Sie die Übung erneut ab.

Sie die folgende Reihenfolge ein:
- Kennenlernen und Verstehen der Aufgabe.
- Die Übung ausführen, zunächst in Grobform.
- Einüben und Verfeinern der Übung.
- Häufiges Wiederholen mit Handwechsel und an anderen Bahnpunkten.
- Variationsformen der gelernten Übungen, etwa Schlangenlinien mit integrierten Volten, Abwechslung von Versammlung und Vorwärts entwickeln.

Die Zirkelarbeit kann nach diesem Schema etwa so aussehen:
- Erstes Reiten auf dem Viereckzirkel oder Quadratzirkel.
- Zirkel auf beiden Händen verbessern, 8- bis 16-Eck-Zirkel.
- Genaues Reiten auf dem Zirkel in genauer Stellung und Biegung, gleichmäßig runder Zirkel.
- Das Reiten in erster oder zweiter Stellung auf dem korrekten Zirkel.
- Ohne viel Aufwand den Zirkel mit richtig arbeitenden Hinterfüßen reiten sowie in erster und zweiter Stellung. „Schmalspurgehen", Kadenz und Schulterfreiheit genießen.
- Zirkelarbeit in verschiedenen Kombinationen: mit Volten, im Schulterherein, mit Verkleinern und Vergrößern, mit einfachen Galoppwechseln oder im Außengalopp. Dabei das Pferd immer vor dem Sitz haben!

Erarbeiten von Lektionen in kleinen Schritten

Überforderung kann nur dann ausgeschlossen werden, wenn alle Aufgaben in kleinen, für das Pferd verständlichen Schritten erarbeitet werden. Halten

Missverständnisse und ihre Handhabung

Wenn Sie ein Trainingskonzept erstellen, ist es wichtig, die Individualität Ihres Pferdes insgesamt zu erkennen. Schwachstellen, die immer wiederkehren, müssen mit kreativen Übungsreihen ausgebessert werden. Auch Missverständnisse kommen vor – beißen Sie sich daran nicht fest, sondern versuchen Sie, durch spielerische Wiederholung in abwechslungsreichen Lektionsfolgen diese mit Leichtigkeit zu bearbeiten. Kreatives Reiten in unterschiedlichen Figurenkombinationen hält Sie und das Pferd wach, aufmerksam und lernwillig.

Einteilung der Unterrichtseinheiten

Die Trainingsabschnitte sowohl in einer Reitstunde als auch während des gesamten Reitpferdelebens müssen strukturiert und inhaltlich geplant werden.

Zuerst startet das Basistraining mit den fundamentalen Schwerpunkten:
- Aufbau von Vertrauen und Dehnung und Lockerung des Pferdes.
- Durch gymnastische Übungsreihen wird das gerade gerichtete Pferd in der Beweglichkeit und der Fitness verbessert. Gleichzeitig wird die Durchlässigkeit des Schwungs von hinten nach vorn und zurück hergestellt.
- Im dritten Abschnitt verbessern wir die Balance zwischen Hinterhand und Vorhand durch versammelnde Übungen. Der Schwerpunkt des Pferdes verlagert sich in Richtung der Hinterhand. Dabei werden eingeübte Lektionen verfeinert.
- Den Abschluss der Trainingsstunde bildet immer die Wiederholung der Basisübungen. Dabei geht das Pferd sowohl am langen wie am kürzeren Zügel in optimaler Balance und mit aktivem Hinterbein entspannt, ohne zu eilen. Die Zügel können problemlos aus der Hand gekaut und ohne Taktverlust wiederaufgenommen werden.

Kleine Missverständnisse kommen vor – nicht davon aus der Ruhe bringen lassen!

Der oben angesprochene rote Faden zieht sich durch jede Übungsreihe und jeden Ablauf der Ausbildung. Jede Lektion erfasst spinnennetzartig mehrere Kriterien der Ausbildungsskala in unterschiedlicher Kombination. Für mich ist es entscheidend, schrittweise entlang des roten Fadens vorzugehen und dennoch die Aufgaben, die uns das Pferd stellt, mit kreativem Denken zu bearbeiten.

Meine Grundsätze:
- Erst geraderichten, dann biegen!
- Richte dein Pferd gerade und reite frisch voran!
- Das geradegerichtete und gebogene Pferd in die leichte Versammlung führen!
- Losgelassenheit, Durchlässigkeit und Schulterfreiheit durch Seitengänge!
- Das gelöste, geschmeidige, geradegerichtete Pferd in die wirkliche Versammlung führen!

Der „Fahrplan" einer täglichen Unterrichtseinheit besteht aus drei Phasen.

In der Aufwärmphase wird die Balance hergestellt und Takt und Tempo werden geregelt. Für ein Lösen in kurzer Zeitspanne wird die für das Pferd passende Gangart gewählt. In diesem Teil der Basisarbeit wird das Pferd in der Dehnung und der Geschmeidigkeit gefördert, dazu im Wechsel bei positiv elastischer Anlehnung ge- und entspannt bis zur beginnenden Durchlässigkeit. Vertrauen und die Akzeptanz der Hilfen, die Sprache zwischen Reiter und Pferd, werden täglich gefestigt. Die Hufschlagfiguren müssen von Beginn an sorgfältig mit feinster Hilfengebung und Konzentration geritten werden. Alle gymnastischen Vorbereitungsübungen zielen auf die Koordinationsfähigkeit und Fitness des gesamten Körpers ab. Für jedes Pferd muss die zweckmäßigste Übungskombination gewählt werden.

In der Arbeitsphase wird das Pferd gerade gerichtet, der Schwung entwickelt und die Tragkraft verbessert. Ziel ist es, die Schulterfreiheit, die Kadenz und die Versammlung zu fördern. Setzen Sie die Hilfengebung dabei sensibel ein. Die Schwachpunkte des Pferdes sollten täglich gezielt bearbeitet und förderliche Übungen häufiger wiederholt werden. Dabei können Sie mit einer bekannten Übung beginnen und diese wiederholen, verfeinern und variieren. Arbeiten und versammeln Sie in kurzen Reprisen. Die Ausbildung geht so in kleinen Schritten vorwärts. Eine positive Lektion mit einem Erfolgsgefühl für das Pferd schließt die Arbeitsphase ab.

In der Relaxphase wird das Pferd noch einmal mental und körperlich mit Lektionen aus der Basisphase entspannt. Überprüfen Sie unter Beibehaltung der Balance die Losgelassenheit, indem Sie die Zügel verlängern, abtrainieren, lockern und dehnen. Mit dem richtigen Trainingsaufbau kommt das Pferd locker in die Box, sodass Sie auch für die nächste Einheit ein zufriedenes Pferd haben, das auf neue Aufgaben wartet. Jede Unterrichtseinheit macht Spaß, wenn sie strukturiert abläuft und das Pferd weiß, was als Nächstes gelernt werden soll. Geben Sie Ihrem Pferd eine klare Aufgabenstellung.

Problempferde und Schwächen

Haben Sie ein Pferd, das nicht sofort nach Plan geritten werden kann, suchen Sie nach der Thematik, die sich dahinter versteckt, wie etwa Interieur- oder Exterieurprobleme. So muss ein Pferd mit Unterhals etwa länger in der Lösearbeit gefördert werden. Ist das Pferd in jungen Jahren überfordert oder falsch behandelt worden, muss zuallererst das Vertrauen zum Reiter aufgebaut werden, bevor Sie wirklich trainieren können.

Finden Sie heraus, mit welchen Schwierigkeiten Sie zu kämpfen haben. Lösen und löschen Sie sie,

Pferde mit Exterieurbesonderheiten wie einem langen Rücken brauchen individuelle Übungen.

damit sie nicht auf dem Ausbildungsweg immer wieder auftauchen. Die weitere Ausbildung spart dann Kräfte von Reiter und Pferd!

Oft habe ich mit Korrekturpferden zu tun, die vermeintliche Unarten zeigen, beispielsweise „guckig", träge oder widerspenstig sind. Auch die Ursachen von Rittigkeitsproblemen und Lahmheiten lassen sich leicht durch die Überprüfung der Ausbildungsabschnitte herausfinden. Dann muss das Pferd Schritt für Schritt zurück zur richtigen Basisarbeit geführt werden. Wenn wir von da aus wieder neu beginnen, werden wir mit großer Verwunderung feststellen, dass aus dem zuvor „hässlichen Entlein" mit jedem richtigen Trainingsschritt immer schneller ein „schöner Schwan" wird.

Je besser sich das Pferd in Gleichgewicht und Losgelassenheit bewegen kann, desto schneller nimmt die Beweglichkeit des gesamten Pferdekörpers zu. Da die Motivation des Pferdes durch sein körperliches Wohlbefinden deutlich höher wird, geht die Ausbildung zügiger voran. Der Reiter gibt einen langfristigen Trainingsrahmen vor, in dem

sich das Pferd entfalten kann. Aus dem zuvor träge funktionierenden Untersatz wird zunehmend ein aufmerksamer, strahlender Partner.

> Nur dann, wenn Sie Ihre Augen öffnen und Ihren Blick schärfen, werden Sie das Vermögen erlangen, der hochklassigen Reiterei näherzukommen.

Der Wochenplan

Dieser Wochenplan ist nur gültig für Pferde, die schon auf dem richtigen Weg sind!

Alle anderen müssen deutlich länger in der beginnenden und abschließenden Lösearbeit gefordert

> Der Trainingsplan

werden und benötigen ein langsameres Vorgehen innerhalb einer Woche. Daher gilt, das Wochenprogramm mindestens auf ein Monatsprogramm auszudehnen. Sobald die Losgelassenheit in allen Gängen und auf beiden Händen gewährleistet ist, geht es zurück zu diesem Wochenplan:

Viel Spaß dabei!

Montag: Lösende Arbeit

Wir starten täglich mit ausgiebiger Schrittarbeit außerhalb des Vierecks. Dann beginnt das Lösen des Pferdes in allen Grundgangarten, die Hilfen werden abgesichert und die gesamte Muskulatur für die weiteren Trainingstage gelockert und vorbereitet. Mit jungen und Korrekturpferden reiten wir zu Beginn die geraden Linien. Mit älteren wird nur kurz überprüft, ob sie die Hilfen annehmen, dann kann es sofort weitergehen mit dem Üben der Lektionen. Lösende Übungen mit wechselnden Biegungen und einfachen Übergängen beenden die Arbeitsphase. Mit möglichst langer Schrittarbeit im Gelände beschließen wir das heutige Training.

Dienstag: Intensivtraining

Beginnen Sie wieder mit dem Schritt. Das Lösen vom Vortag überprüfen, dabei schon deutlich am Geraderichten arbeiten: Auf dem Zirkel die Zügel aus der Hand kauen lassen, Zickzack-Schlangenlinien reiten, im Schritt Schultervor oder -herein reiten, Kurzkehrt einbauen. Bei der Trabarbeit das Reiten von geraden Linien und gebogenen Linien überprüfen. Reiten Sie einfache Übergänge zwischen den Gangarten auf gebogenen Linien: rund acht bis zehn auf jeder Hand, dabei die Hand wechseln. Nun kommen gezielt Übungen zur Be-

	Mo	Di
Mindestens 10 Min. Schritt	X	X
Lösen + Aufwärmen	15 Min.	10 Min.
Grobform	X	X
Feinform		X
Variation		X
Geringere Leistungsintensität	X	
Höhere Leistungsintensität		X
Abschließendes Lösen	10 Min.	5 Min.
Mindestens 10 Min. Schritt + Ausreiten + 5 Min. harter Boden	20 Min.	15 Min.
Schwerpunkte	Lösende Arbeit	Intensivtraining

Mi	Do	Fr	Sa	So	Beispiellektionen
X	X	X	X	X	Diagonalen, Mittellinien, Schlangenlinien • Volten • Seitengänge • Kurzkehrt
5 Min.	20 Min.	10 Min.	5 Min.	5 Min.	Galoppieren, Leichttraben: • Zirkel • Schlangenlinien • einfache Trab-Galopp-Übergänge • Seitengänge
					Erstes Reiten der Zielübung
X		X	X	X	Genaues Erarbeiten der wirklichen Lektion
X		X	X	X	Automatisieren und variieren
X		X			Einfache Übungsabläufe + 1- bis 2-maliges Wiederholen der Übungsreihe zur Zielübung
	X		X	X	4- bis 6-maliges Reiten der Übungsreihe der Zielübung + die Zielübung
5 Min.	3 Min.	5 Min.	5 Min.	10 Min.	Handwechsel + Zügel aus der Hand kauen lassen: • Zirkel • Schlangenlinien
15 Min.	20 Min.	20 Min.	20 Min.	15 Min.	Mittelschritt am langen Zügel: • Schlangenlinie • Zirkel • Gelände
Festigung der Übungen	„Spaß"-Training	Intensivtraining	Spielerische Arbeit	Genauigkeit, evtl. Turnier-Abfrage	• Immer vom Bekannten zum Unbekannten • Immer vom Leichteren zum Schwereren

hebung der Schwächen des Pferdes hinzu: Rückentätigkeit und „Bogenspannung" durch Übergänge und Seitengänge verbessern, an der Durchlässigkeit durch Tempiwechsel arbeiten. Arbeit an der Hand und Schulterherein fördern die Versammlung und Geschlossenheit des Pferdes.

Dabei können wir schon unsere spätere Zielübung vorbereiten, so bereiten wir das Schulterherein durch Schlangenlinien und Reiten in Stellung vor, die ganze Parade durch viele Trab-/Galopp-Schritt-Übergänge, die fliegenden Galoppwechsel durch einfache Galoppwechsel. Den Abschluss der intensiven Trainingseinheit bildet die Entspannungsarbeit, ohne dass das Pferd wieder auseinandergeritten wird! Dabei kommt es darauf an, in der Dehnungshaltung die Hinterhand nicht zu verlieren. Wenn wir das Pferd zuvor wirklich am Sitz mit korrekten Hilfen geritten haben, wird es weiterhin mit positiver Körperspannung und langem Hals gehen, ohne seine Balance zu verlieren. Schließen Sie die Übung mit Schlangenlinien in der Schrittarbeit am langen Zügel ab.

Mittwoch: Festigung der Lektionen

Jedes Pferd ist anders: Einige brauchen je einen Tag Arbeit und dann wieder entspannendes Training, andere können gut an zwei Tagen hintereinander vermehrt trainiert werden. Wir gehen hier von Letzterem aus, daher können wir auch heute nach dem Prinzip des Vortages weitermachen. Nach dem Aufwärmen und Lockern wird die Zielübung vom Vortag überprüft und verdeutlicht. Je nach Anspruch der Ausführung kann schon ein Schwierigkeitsgrad mehr verlangt werden. Achten Sie darauf, den „Feinschliff" zu verbessern.

Je nach Interieur wird bei einem eher unkonzentrierten Pferd wieder auf dem gleichen Platz gearbeitet. Bei einem eher passiven Pferd ist ein Ortswechsel angebracht, um die Motivation und Konzentration zu erhalten. Reiten Sie auf einem anderen Platz oder im Gelände!

Donnerstag: Spaßtraining

Am Donnerstag arbeiten wir nach dem zehnminütigen Schrittreiten mit unseren Pferden lösend und beginnen nach guter Erwärmung der Muskulatur mit leichter Arbeit über Cavaletti und Sprünge. Auch Freispringen ist eine gute Alternative, denn dabei werden andere Muskelgruppen beansprucht. Beim Reiten auf dem Springplatz oder im Gelände spielerisch am Trainingsschwerpunkt der Woche weiterarbeiten: Reiten Sie dazu wieder in Reprisen in Dehnungshaltung und arbeiten Sie gleichzeitig an der Geraderichtung, beispielsweise im Schultervor-Galoppieren. Lange Schrittarbeit ist gut für Muskulatur und Psyche. Dazu in der Bahn Schlangenlinien, Schenkelweichen und Zügel-aus-der-Hand-kauen-Lassen mit in das Abschlussprogramm einbeziehen. Reiten im Gelände hält die Pferde mit ihrer Umwelt beschäftigt, gleichzeitig fördert der unebene Boden die Trittsicherheit.

Freitag: Intensivtraining

Auch heute wird zu Beginn die Schrittarbeit großgeschrieben. Dabei sofort ans Geraderichten denken. Nach kurzem Abfragen der Diagonalen in aufwärmender Trab- und Galopparbeit geht es sofort weiter mit dem Reiten auf gebogenen Linien, um die Pferde so schnell wie möglich geschmeidig zu machen. Bauen Sie gleichzeitig Übergänge ein. Damit verschenken wir weder Zeit noch Kraft und das Pferd wird optimal für die anstrengenderen Übungen vorbereitet. Zielübung kann heute das

Programm von Mittwoch sein, mit Überprüfung des Gelernten und in neuer Variation: Schulterherein im Wechsel mit Mitteltrab, Schulterherein auf dem Zirkel im Wechsel mit Renvers oder Schulterherein im Galopp mit einer Kehrtvolte und daraus Außengalopp auf dem Zirkel. Zum Schluss das Abspannen und die Schrittarbeit nicht vergessen!

Samstag: Spielerische Arbeit

Hat das Pferd sehr gut mitgearbeitet, ist es manchmal erstaunlich, wie erfrischend eine für diesen Tag angesetzte leichtere Trainingsphase ist. In ihr wird mit hoher Konzentration ohne Konfrontation mit leichtester Hilfengebung spielerisch das Gelernte abgefragt. Nur positive Erlebnisse schaffen! Heute arbeiten wir nach dem gleichen Aufbau wie am Freitag, aber verlangen eine geringere Leistungsintensität und Zeitdauer.

Sonntag: Genaue Lektionsfolgen

Waren Sie in den Übungen am Vortag erfolgreich, beginnen wir wieder mit intensiver Schrittarbeit im Schulterherein, Travers und Kurzkehrt, gefolgt von einer 20-minütigen Arbeitsphase, in der das Gelernte intensiviert wird. Dazu die Lektionen in klarer Linienführung und korrekter Ausführung abfragen: zwei- bis dreimal Schulterherein auf dem Zirkel reiten und je einmal auf jeder Hand daraus zulegen oder Geraderichten und Seitengänge im Wechsel. Alles, was dem Pferd Spaß macht, kann in vielen verschiedenen Kombinationen geritten werden. Die Leichtigkeit in der Ausführung darf nicht verloren gehen. Das merken wir, wenn die Reiterhilfen freiwillig vom Pferd akzeptiert werden! Wir beenden die Trainingsstunde mit einem fröhlichen Galopp im Leichten Sitz, im Galopp mit fliegenden Wechseln oder einigen einfachen Trab-Galopp-Trab-Übergängen. Dabei kommt es darauf an, diese auch mit leichtesten Hilfen abzufragen.

Mit dieser Form des Trainings haben wir alle Tage der Woche intensiv genutzt. Wenn die Pferde besonders gut lernen und die Reiter nicht zu viele Fehler machen, weiß ich aus Erfahrung, dass es genügt, in kleineren und kürzeren Trainingseinheiten zu arbeiten. Auch Kinder können sich je nach Alter und Reife nicht viel länger als 30 bis 45 Minuten konzentrieren.

Wie viel zitiert: Weniger ist mehr! Sollten Sie Fehler einbauen, die das Pferd widerspiegelt, verstärken Sie diese nicht durch Gewalt! Verbessern Sie nachsichtig noch einmal die Übung mit verbesserter Einwirkung. Es gibt immer besondere Zeiten, in denen das Pferd mit körperlichen Veränderungen zu tun hat, etwa die Zeit des Fellwechsels, nach Impfungen oder andere „Auszeiten".

Währenddessen muss das Training sofort leichter gestaltet werden. Die Muskulatur des Pferdes darf nicht, wenn sie mit anderen Aufgaben beschäftigt ist, zusätzlich überlastet werden. Ist dieses Übertraining geschehen, müssen wir nicht nur die Muskulatur wieder aufpeppen, sondern auch das Pferd mental aufbauen, denn es wird sich lange Zeit merken, mit schmerzendem Muskelkater weitergeritten worden zu sein. Hier muss jeder Reiter Erfahrung sammeln, das richtige Maß finden und aus seinen Fehlern lernen. Nur dann bleibt das Pferd vertrauensvoll an den Hilfen des Reiters und wird im Unterschied zu einem technischen Lektionspferd zu einem strahlenden, mitdenkenden Trainingspartner werden, der uns jeden Tag wieder Freude bereitet.

Höchstleistungen werden spielerisch erbracht und Ängste überwunden. Diese Zusammenarbeit beruht auf gegenseitigem Respekt und Vertrauen.

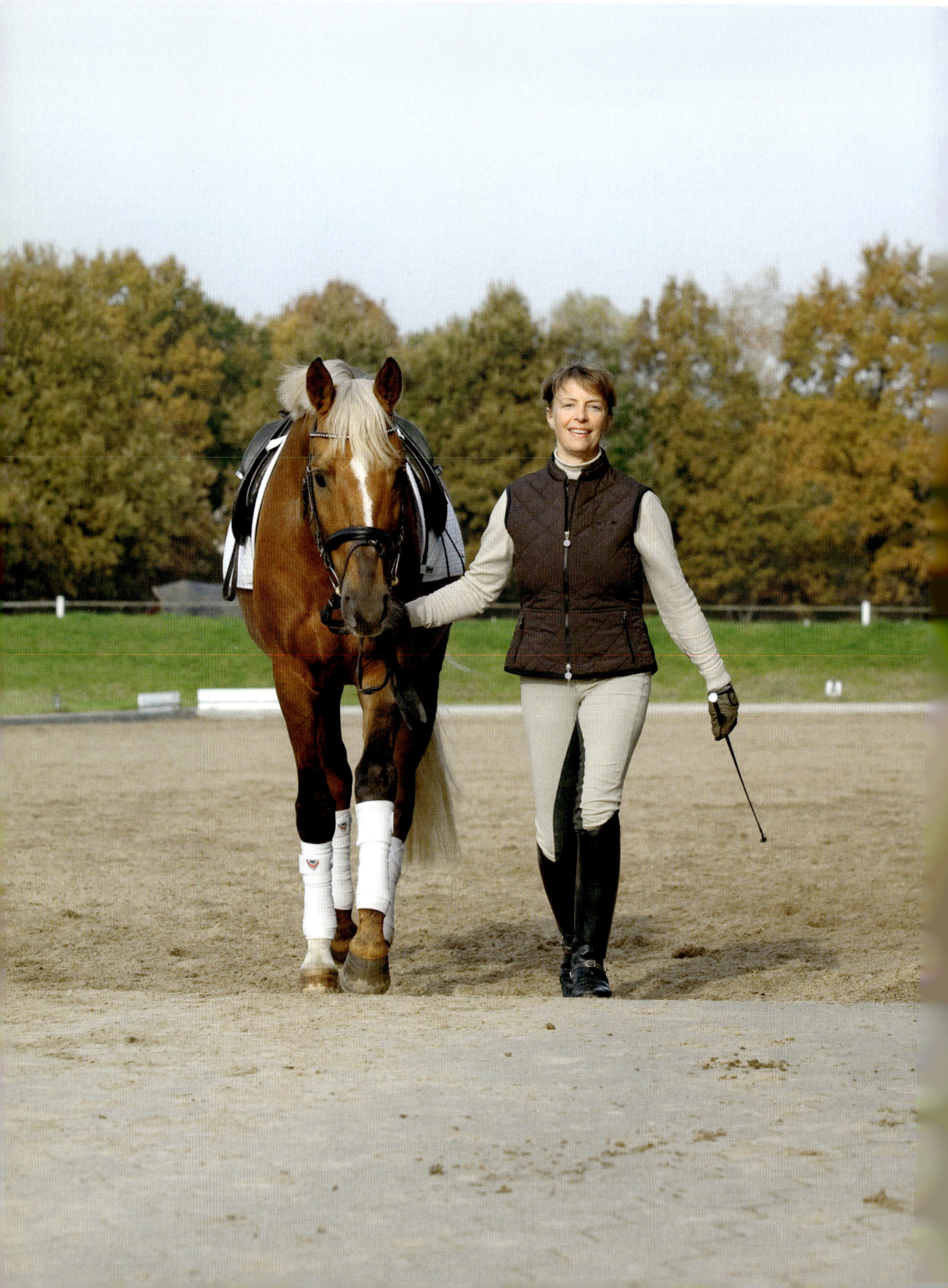

Schlusswort

Die dressurmäßige Ausbildung des Pferdes stellt die Grundlage jeder reiterlichen Betätigung dar und findet ihre Vollendung in der Leichtigkeit, der Ausstrahlung und der Natürlichkeit der Bewegung. Alle dahin führenden Übungen und Lektionen sind ein gezieltes Bodybuilding-Programm, damit das Pferd das Gewicht des Reiters optimal tragen kann. Dabei geht es um einen durchtrainierten Körper mit Kraft, Schnellkraft und Gewandtheit, ohne dass das Pferd verschleißt. Auf der Basis körperlicher Gesundheit mit ausreichend ausgeprägter Muskulatur und mentaler Losgelassenheit wird es gelingen, auch mit minimaler Hilfengebung eine korrekte Ausführung der Lektionen zu erreichen. Unser Sportpartner Pferd wird es uns mit lang anhaltender Gesundheit und Lebensdauer danken.

Nicht nur die körperliche Fitness, auch die mentale Einstellung ist von großer Bedeutung. „In der Ruhe liegt die Kraft" – nicht nur der Pferde wegen sollten wir uns an diesen Ausspruch erinnern und ihn umsetzen. Der Umgang mit dem Pferd basiert auf Gelassenheit und gegenseitigem Respekt. Unser Ziel ist es, das langfristige seelische Gleichgewicht sowie die Motivation und Gesundheit des Pferdes zu erhalten. Wenn wir mit klarem Verstand und wachen Gedanken in ruhiger Ausstrahlung mit dem Pferd umgehen, werden wir erstaunliche Erfolge haben. Jede Bewegung bedeutet Körpersprache und damit Kommunikation mit dem Pferd. Bedenken Sie, dass es um eine positive Konditionierung des Gelernten geht, daher ist es entscheidend, dass Sie nachhaltig eine vertrauensvolle Atmosphäre und Zusammenarbeit schaffen. Das klappt durch langfristige Trainingspläne in gegenseitigem Respekt und in Teamwork. Für den Reiter bedeutet das eine korrekte dressurmäßige Vorbereitung, die durch Nachdenken systematisch vorausgeplant wird: „Ein guter Reiter weiß, warum er gerade genau diese Lektion reitet und diese Hilfe gibt."

Am Ende dieses Buches angekommen, bedanke ich mich bei allen Mitwirkenden und wünsche Ihnen viel Freude bei der Entwicklung Ihres neuen Trainingsplans. Und halten Sie sich immer vor Augen: Es ist noch kein Meister vom Himmel gefallen.

Foto: Tierfotografie Huber

Stichwortregister

Abkauen 31, 76, 99, 120
Arbeitsphase 34, 120, 132, 137,
Aufrichtung .... 58, 77, 79, 89 ff.
Aufwärmphase 22, 132
Außengalopp .... 40, 60 ff., 65 ff., 116 f., 130, 137
Ausstrahlung .... 71, 86, 96, 111 ff., 127, 139 f.
Balance .... 11, 14 ff., 22 f., 27, 31, 33 f., 39 ff.,
    55, 60 ff., 89, 96, 101 ff., 116 f., 121, 124 ff., 131 f.
Bascule 70
Basisarbeit .... 11 ff., 49, 109, 132 f.
Bergaufbewegung .... 11, 26, 39, 46, 51, ff.,
    57 ff., 101, 117, 121, 126
Biegung .... 16, 18, 24 ff., 59 ff., 79 ff., 130
Bodybuilding 36, 45, 96, 104, 139
Brückenfunktion 39, 85, 122, 125,
Dehnungshaltung 12, 45, 86, 136
Diagonale .... 13, 15 ff., 36, 53, 60 ff., 93 ff.,
    99 f., 106, 116, 135 f.
Diagonale Hilfengebung 31, 79
Dreipunktsitz .... 16 f., 30, 35, 56, 66, 80, 89
Dublieren 35
Durchlässigkeit .... 29, 32 f., 52 ff., 67 ff., 72,
    75, 89, 102 ff., 124, 131 f., 136
Ecke .... 15 ff., 22, 25, 34 ff., 41 ff., 64,
    68, 86, 89, 92 ff., 99 ff., 112
Einfacher Galoppwechsel .... 60, 65, 67 ff., 72, 130, 136
Exterieur .... 111, 125, 132 f.
Fahrradlenker-Prinzip 24, 90,
Feedback 9, 29, 111

Fliegender Galoppwechsel .... 12, 59, 69 ff.,
    74, 103, 112, 116, 136
Freie Linien .... 20 ff., 64
Galopppirouette 25, 44, 51, 78, 86, 88,
    91, 101, 106, 109, 112 ff., 121
Gedrehter Sitz .... 22 f., 35, 39
Geländearbeit .... 12 f., 57, 74, 112, 134 ff.
Geraderichtung ..... 18, 26, 33, 40, 45, 53, 59, 66 ff., 72,
    78, 83 ff., 104, 109, 112, 124, 132, 136
Geschmeidigkeit .... 16, 23, 29 ff., 43, 54, 60,
    104, 106, 112, 116, 124, 132
Gleichgewicht .... 8, 12 ff., 20 ff., 44, 62, 66,
    69 ff., 89 ff., 106, 117, 127 ff., 140
Halbe Tritte .... 119 ff.
Handarbeit .... 119 ff.
Hankenbiegung 58, 64 ff., 75, 80, 91, 104, 112, 124, 127
Hilfengebung .... 7 ff., 18 ff., 30 f., 36, 46 f., 56 f.,
    67 ff., 79 ff., 91, 114 ff., 123, 127, 132, 137, 140
Hinterhandaktivität .... 26, 29, 33, 36 ff.,
    44, 46, 49 ff., 63, 82
Hohle / steife Seite .... 25 ff., 88, 92
Hufschlagfiguren .... 8, 13, 24, 41 ff., 64, 132
Kadenz .... 24, 29, 36 ff., 57, 64, 91, 101,
    104, 109, 118 f., 124, 127, 130 ff.
Kehrtvolte 33, 36, 42, 99, 136
Körperspannung .... 8, 13, 26, 38, 44 f., 55 f., 63 ff.,
    72 ff., 82, 91, 104, 116 f., 136
Kontergalopp .... 33, 66 ff., 89
Konterschulterherein .... 88 ff.

Kurzkehrt .... 20, 25, 79 ff., 86, 95, 106, 116, 125, 134 ff.

Längsbiegung .... 18, 24 ff., 34 ff., 59 f., 66, 73, 80, 83 ff., 98 f., 104

Losgelassenheit .... 8, 14, 16 ff., 29, 32 ff., 44 ff., 54, 70, 72, 76, 80 ff., 91, 95, 116, 119 ff., 132 ff., 139

Maultätigkeit 61

Motorrad-Feeling 20, 39, 72

Muskulatur ..... 11, 28 f., 37, 45 ff., 51 f., 55 ff., 63, 70, 83, 88 ff., 106, 112 ff., 129, 134 ff., 139

Natürliche Schiefe 26, 83, 88, 105, 109

Notfallparade 57

Oberlinie 29, 50, 96

Parade .... 34 ff., 44, 51, 53 ff., 66 f., 72 ff., 78, 80 ff., 86, 89, 99 ff., 105, 109, 111, 120, 124 ff., 136

Passage .... 59, 78, 86, 118 f., 121 ff., 125 ff.

Pausen 11, 17, 37, 44, 67, 75, 88, 105, 114, 120, 124

Piaffe .... 33, 51, 59 ff., 86, 88, 111, 118 ff.

Quadratzirkel .... 24 ff., 130

Rahmenerweiterung 55

Reitlehrer .... 8 f., 40, 61, 123, 129

Relaxphase 132

Renvers .... 83, 96 ff., 104 ff., 109, 125, 136

Rückentätigkeit 50, 61, 89, 96, 104, 136

Rückwärtsrichten .... 64, 66, 75 ff.

Schenkelweichen 23, 79, 136

Schlangenlinie .... 13, 19, 29 ff., 36, 41, 53, 59 f., 68, 73, 99, 105, 130, 134 ff.

Schneckengang 23

Schrittpirouette .... 79 ff., 88

Schubkraft 52

Schulgalopp .... 112 ff.

Schulterfreiheit .... 30, 36, 39, 52 ff., 64, 76, 88, 96, 122, 130 ff.

Schulterherein .... 20, 23, 36, 59 ff., 64, 66, 81 f., 87, ff., 99 f., 104 ff., 125, 130, 136 f.

Schultervor .... 20, 23, 42, 59, 62 ff., 79, 83 ff., 95, 99, 101 ff., 119 f., 124, 134 ff.

Schultrab .... 118 ff., 127

Schwebephase 71, 117, 127

Schwerpunkt .... 14, 16 f., 25 ff., 30 ff., 45 f., 52 ff., 58, 60, 63 ff., 76, 78 ff., 90 f., 104, 113, 122, 124, 127, 129, 131

Schwung .... 14, 25 ff., 33 ff., 46, 54 f., 61 ff., 70 ff., 80 ff., 91, 96 ff., 112 ff., 125 ff., 131 f.

Selbsthaltung .... 36 f., 44, 62, 64 ff., 89, 91, 112, 116, 118, 127

Serienwechsel .... 74, 116 ff.

Sitzmittelpunkt .... 16 f., 82

Stellung .... 16, 23 ff., 30 f., 35, 45 f., 66, 79 ff., 88 ff., 97 ff., 106, 130, 136

Trainingsplan .... 71, 83, 109, 129 ff., 140

Travers .... 20, 81, 83, 92, 96 ff., 137

Traversale .... 36, 60 f., 72, 88, 96 ff., 112, 125

Übergänge .... 32 f., 46, 49 ff., 58 ff., 69, 78 ff., 96, 118, 120 f., 124 f. 127, 134 ff.

Versammlung .... 7 f., 12, 32 ff., 49 ff., 90 ff., 111 ff., 130 ff.

Verstärkung .... 36, 61 ff., 91, 93, 101, 112, 114, 118, 121,

Verwerfen 31, 92, 104

Volte .... 12 f., 32 ff., 36 ff., 59 f., 66, 68, 75, 81, 87 ff., 99 f., 104 ff., 130 , 135 f.

Zirkel ....13, 18, 23 ff., 53, 59, 64, 67 ff., 81, 86 f., 91 ff., 99, 104 ff., 116, 130, 134 ff.

Zügel aus der Hand kauen lassen ...... 44 ff., 124, 134 f.

CADMOS
PFERDEBÜCHER

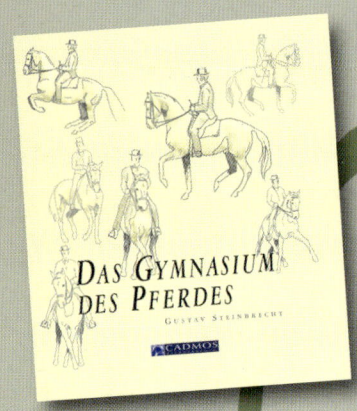

Gustav Steinbrecht
DAS GYMNASIUM DES PFERDES

Dieses Werk gehört zu den Klassikern der Reitkunst. Die hier zusammengefassten Gedanken über die Ausbildung von Pferd und Reiter bilden seit Anfang des 20. Jahrhunderts die Grundlage für die Entwicklung einer Dienstvorschrift für die moderne deutsche Kavallerie. Wer ernsthaft reiten lernen will sollte dieses Buch nicht lesen, sondern studieren.

240 Seiten, farbig, gebunden
ISBN 978-3-86127-357-8

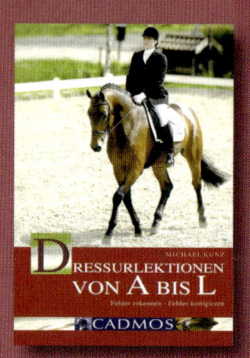

Michael Kunz
DRESSURLEKTIONEN VON A BIS L

A heißt Anfänger, L heißt leicht? Von wegen! Vom ersten Mitteltrab bis hin zum korrekten Außengalopp wird in diesem Buch der Weg des Dressurpferdes und -reiters gezeigt. Vermeintliche „Stolpersteine" können gemeistert werden.

128 Seiten, farbig, gebunden
ISBN 978-3-86127-428-5

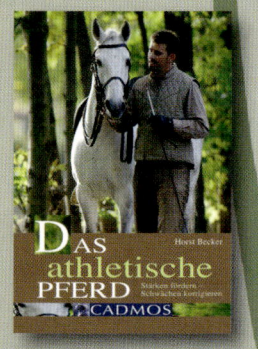

Horst Becker
DAS ATHLETISCHE PFERD

Wenn bei der Dressurausbildung Probleme auftreten, wird nach dem „Warum" leider nur selten gefragt. Genau dieser Frage geht Horst Becker in diesem Buch nach – und zeigt Lösungswege auf, mit denen die Stärken eines Pferdes gezielt gefördert und seine Schwächen sanft und effektiv korrigiert werden können. Besonderen Wert legt der Autor dabei auf die Erkenntnisse der Anatomie, Physiologie und Bewegungsmechanik des Pferdes, auf Vertrauensbildung und konsequenten Gewaltverzicht.

144 Seiten, farbig, gebunden
ISBN 978-3-86127-442-1

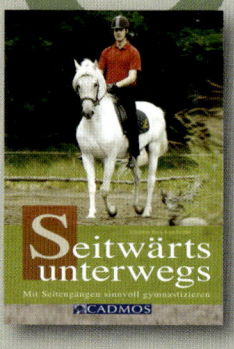

Johannes Beck-Broichsitter
SEITWÄRTS UNTERWEGS

Seitengänge richtig reiten – sie sind ein unverzichtbares Mittel zur Gymnastizierung des Pferdes. Dieses Buch führt schrittweise an die Seitengänge heran und stellt Vorübungen, Übungsabfolgen und Lösungswege vor. Viele Beispiele zur Gestaltung einer sinnvoll aufgebauten Trainingsstunde bieten dem Reiter Anregung und Möglichkeit, sein Pferd mithilfe der Seitengänge systematisch weiter auszubilden.

128 Seiten, farbig, gebunden
ISBN 978-3-86127-458-2

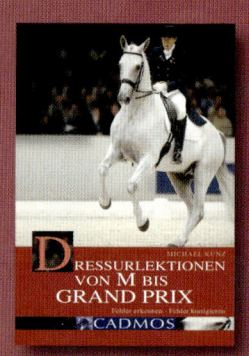

Michael Kunz
DRESSURLEKTIONEN VON M BIS GRAND PRIX

Die Fortsetzung der Übungsreihen aus „Dressurlektionen von A-L", die Pferd und Reiter auf ihrem Weg ins große Viereck begleiten. Traversalen, fliegende Wechsel und Pirouetten stehen nun auf dem Trainingsplan. Autor Michael Kunz gibt Tipps, wie ambitionierte Pferdesportler und ihre Vierbeiner den Sprung in die höheren Klassen schaffen können.

160 Seiten, farbig, gebunden
ISBN 978-3-86127-409-4

Cadmos Verlag GmbH · Möllner Straße 47 · 21493 Schwarzenbek
Tel. 0 41 51 87 90 7-0 · Fax 0 41 51 87 90 7-12
Besuchen Sie uns im Internet: www.cadmos.de

CADMOS